高职教育与信息化教学实践研究

朱杉　白冰　刘梦婷　著

中国商业出版社

图书在版编目（CIP）数据

高职教育与信息化教学实践研究 / 朱杉，白冰，刘梦婷著. -- 北京：中国商业出版社，2022.6
ISBN 978-7-5208-2053-0

Ⅰ.①高… Ⅱ.①朱… ②白… ③刘… Ⅲ.①信息化-高等职业教育-教学研究 Ⅳ.①G718.5

中国版本图书馆 CIP 数据核字（2022）第 089212 号

责任编辑：黄世嘉

中国商业出版社出版发行
（www.zgsycb.com 100053 北京广安门内报国寺1号）
总编室：010-63180647 编辑室：010-63033100
发行部：010-83120835/8286
新华书店经销
北京虎彩文化传播有限公司印刷
*
710毫米×1000毫米 16开 10.75印张 150千字
2022年6月第1版 2022年6月第1次印刷
定价：50.00元
* * *
（如有印装质量问题可更换）

前言

改革开放以来,我国职业教育发展迅速,现代职业教育体系框架全面建成,为经济社会发展提供了有力的人才和智力支撑。随着我国社会经济进入新的历史发展阶段,产业升级和经济结构调整不断加快,各行各业对高技能应用型人才的需求越来越紧迫,职业教育重要地位和作用越来越凸显。但是,与发达国家相比,与建设现代化经济体系、建设教育强国的要求相比,我国职业教育还存在着体系建设不够完善、职业技能实训基地建设有待加强、制度标准不够健全、企业参与办学的动力不足、有利于技术技能人才成长的配套政策尚待完善、办学和人才培养质量水平参差不齐等问题,到了必须下大力气抓好的时候。

高等职业教育作为职业教育的一种类型,其根本任务是适应社会经济发展需求,培养面向生产、建设、服务和管理第一线需要的高技能应用型人才。在科技快速发展的新时代,经济发展方式主要由低技能和低附加值、高投入和高能耗向提升产品的结构、提高技术的含量、提高产品的附加值转变,所以对高技能应用型的人才提出了更高的要求。高等职业教育作为培养高技能应用型人才的主力军,必须要全面提高人才培养的质量,大力培养一批能够"下得去、用得上、留得住"的高技能应用型人才。

实践教学体系的实施,需要国家、企业和高职院校三方面共同努力。国家除了提供资金等政策支持外,还要加强相关法律法规的建设;企业为了得到适应企业发展所需的人才,要为高等职业教育提供必要的支持;高职院校更应该加强实践教学环节的建设。总之,实践教学环节的管理是促进实践教学持续健康发展的重要保障,高职院校要落实好实践教学环节的管理。

在本书的写作过程中,我们参阅了国内外学者的有关著作和论述,并从中受到了启迪,特向他们表示诚挚的敬意。由于我们水平有限,书中的错误和疏漏之处在所难免,恳请广大读者提出宝贵的意见和建议,以使我们的学术水平不断提升。

作 者

2021 年 12 月

目 录

第一章 高职教学研究 … 1
第一节 对学生能力及内涵的思考 … 1
第二节 全面提高教学质量 … 5
第三节 适合学生的教育模式 … 13
第四节 推动高职教学改革 … 24

第二章 信息化教学在高职教学中的实践 … 29
第一节 信息化教学在高职教学中遇到的问题与挑战 … 29
第二节 高职院校信息化教学建设 … 32
第三节 高职院校课堂信息化教学的实施路径 … 37

第三章 互联网+与高职教育 … 46
第一节 互联网+视角下高职教育的转型 … 46
第二节 互联网+教育与传统教育的对比 … 48
第三节 互联网+背景下高职教育应以质量为核心 … 55
第四节 互联网+背景下高职教育的转型思考 … 58

第四章 互联网+新型教学模式的探索 … 61
第一节 互联网+新型教学模式的特征和意义 … 61

第二节　互联网+高职课堂教学的冷静应对 …………………… 67

　　第三节　互联网+新型教学模式的探究实践 …………………… 71

第五章　混合式教学研究 ………………………………………………… 85

　　第一节　混合式教学的理论探讨及价值分析 …………………… 85

　　第二节　高校实施混合式教学面临的机遇与挑战 ……………… 94

　　第三节　高职院校促进混合式教学发展的保障制度构建 …… 101

第六章　网络教学资源库在高职教学中的应用 ……………………… 110

　　第一节　网络教学资源库在高职教学中存在的问题 ………… 110

　　第二节　网络教学资源库在高职教学中的发展 ……………… 116

第七章　基于智慧课堂的基础构建与教学创新 ……………………… 121

　　第一节　智慧课堂的内涵与特征 ……………………………… 121

　　第二节　智慧课堂的理论基础 ………………………………… 131

　　第三节　智慧课堂信息化构架 ………………………………… 136

　　第四节　智慧课堂教学目标设计 ……………………………… 142

　　第五节　智慧课堂教学评价设计 ……………………………… 145

第八章　智慧课堂的实践探索及策略 ………………………………… 148

　　第一节　智慧课堂的实践策略 ………………………………… 148

　　第二节　成功实施智慧课堂的关键要素 ……………………… 152

　　第三节　智慧课堂的准备 ……………………………………… 155

参考文献 ………………………………………………………………… 163

第一章

高职教学研究

第一节 对学生能力及内涵的思考

职业教育与普通教育是两种不同教育类型,具有同等重要地位。改革开放以来,我国职业教育发展迅速,现代职业教育体系框架全面建成,为经济社会发展提供了有力的人才和智力支撑,服务经济社会发展的能力不断增强,具备了基本实现现代化的诸多有利条件和良好工作基础。随着我国社会经济进入新的历史发展阶段,产业升级和经济结构调整不断加快,各行各业对高技能应用型人才的需求越来越紧迫,职业教育重要地位和作用越来越凸显。但是,与发达国家相比,与建设现代化经济体系、建设教育强国的要求相比,我国职业教育还存在着体系建设不够完善、职业技能实训基地建设有待加强、制度标准不够健全、企业参与办学的动力不足、有利于技术技能人才成长的配套政策尚待完善、办学和人才培养质量水平参差不齐等问题,到了必须下大力气抓好的时候。

高等职业教育在快速发展的同时,也面临着新的挑战:一是人才培养目标有待进一步明确；二是办学质量有待进一步提高；三是投入机制有待进一步完善；四是"双师"结构的师资队伍建设有待进一步强化；五是具有高职特色的育人模式有待进一步构建。

因此，更新教育观念，坚定不移地走应用型人才培养之路，提升高职院校的核心竞争力，尤其是高职学生的核心能力，已经成为高等职业教育健康持续发展的关键所在。这对实现高等职业教育的现代化，具有特别重要的现实意义。

一、高职院校学生核心能力的研究意义

长期以来，我国高等教育一直存在着重理论轻实践、重研究型人才培养轻技术应用型人才培养的现象，培养的学生也是同一种规格、同一种模式。这样就无法适应新时代社会主义现代化建设对不同类型人才的需求。高等职业教育的培养目标是为我国经济建设的第一线培养具备综合职业能力、技术应用能力和基本素质的高技能应用型人才。高技能应用型人才可以极大地提高劳动生产力水平，极大地促进技术创新和进步，因此，重视培养高技能应用型人才的高等职业技术教育已成为发达国家的共识。

（一）新时代社会主义现代化建设的内在需求

教育的主要任务是培养社会所需要的人才，人才的培养目标也是依据社会需要决定的。在计划经济体制下，人才实行对口计划培养，不论人才的质量高低，国家按专业对口统一分配。同时，由于生产企业的岗位设置和要求变化不大，学校比较容易把握具体的人才培养目标，可以按专业对口，甚至按岗位对口的要求去培养人才。在社会主义市场经济体制下，一方面，企业在市场竞争中要实现利润的最大化，因而在选拔人才时必然对其能力提出更高的要求；另一方面，市场经济的繁荣和发展也更需要有多方面能力和创造性的人才。市场竞争的实质是人才竞争，教育必须根据市场需要来培养人才。

（二）知识经济的要求

知识经济的特征之一是劳动力市场对高技能应用型人才的需求日益增

加。知识密集型生产方式发展越快，对高技能工作人员的需求就越大。知识经济的生命和源泉在于创新，而创新更需要以较高的综合素质为基础，因此，吸收和借鉴核心能力理论的研究成果，开发高职学生核心能力，培养学生自主的学习能力、生存能力、交往能力和创新能力等综合能力，是知识经济对高等职业教育的要求，也是提高高等职业教育质量、办出自身特色的基本前提。这不仅有利于高职学生发展自我、实现自我、创造理想人生，也有利于高职院校人才培养模式从知识本位转向能力本位，使学校教学重心从专注社会岗位需求转向兼顾个人可持续发展，满足不断发展的知识经济时代的要求。

二、高职院校的培养定位及学生核心能力的培养

（一）高职院校的培养定位

高职教育人才培养模式的基本特征：以培养高技能应用型专门人才为根本任务，以适应社会需要为目标，以培养技术应用能力为主线设计学生的知识、能力、素质结构和培养方案。因此，高职院校必须根据自身条件，以培养服务生产第一线的高技能应用型专门人才和为行业培养专门的职业人才为根本任务，以适应社会需求和行业需求为目标，以培养职业技术人才为主线来设计培养方案，确定培养目标及发展方向，即高职院校的培养定位应服从于学校的办学宗旨、办学方向及人才培养目标。

（二）高职院校学生核心能力的含义

能力是指顺利完成某种活动所必备的个性心理特征，而核心能力是指一种超越具体职业的、可广泛迁移的、对人的终身发展起着关键作用的能力。高职院校学生的核心能力是指学生个人综合素质、个性发展、自我实现的基础能力，应由其基本能力、关键能力和潜在能力所组成，其构成要素应该包括学习能力、思维能力、适应能力、沟通能力、耐挫能力、创新能力和应变能力。高职院校学生核心能力是一个复杂和多元的系统，包括多个层面，其构成不是个别要素之间的简单组合，而是一个由相关核心要素整合而成的有机整体。高职院校学生核心竞争能力的

形成，必然是高职院校整体优化和学生综合素质提高的结果。它是在高职院校发展演变过程中长期培育、积淀而成的，并深深地融合于高职院校的校园文化之中。从高职院校的职能来看，高职院校培养学生的核心能力就是高职院校以技术职业能力为核心，通过对创新培养模式与理念、科学设置课程及教学方法、实施产学研相结合优势、学生综合素质与能力的培养等的整合，或通过其中某一要素的效用凸显，而使学生获得持续竞争优势的能力。

（三）高职学生核心能力培养的有效方法与途径

1. 立足于学生未来的生存与发展，加强专业教育中核心能力的培养

通过专业课程改革，确定专业核心课程，使专业教育不仅注重学生就业能力，更强调学生可持续发展能力，主动为学生提供有本专业特色的"从学业规划到职业规划"一体化的课程指导。

2. 立足于学生将来走向社会的需要，在素质教育中强化职业道德培养

充分考虑高职学生的现有能力与实际需要，开设包括职业诚信、学习生活、心理健康、职业规划与就业指导以及传统历史文化教育等模块在内的核心课程，重点提高学生的学习能力、生存能力、交往能力和创新能力等综合能力。同时，以选修课和讲座的形式开设大量的相关素质课程，为学生提供多种选择，在一定程度上进行个性化培养。

3. 立足于校园文化的熏陶与感染，充分发挥校园文化的育人作用

在校园文化建设中，要根据本校行业背景和育人目标来设计校园文化环境。例如，浙江金融职业学院着力打造金融文化、诚信文化和校友文化为主要内容的校园文化，学生第二课堂、学生社团和课外科技文化活动都被纳入校园文化活动之中。鼓励学生主动参与实践，努力学习书本之外、学科之外的知识，积极发挥兴趣与爱好特点，学会独立思考融会贯通，提高自身综合素质，在实践中创新，在实践中学习，在实践中提高。

4. 立足于教师优质"教"与学生优质"学"的深度结合，转变教师观念，优化师资结构

一方面，通过师资培训与结构调整，建设一支以专职核心课程教师、

素质课程教师为主，以兼职班主任、社团导师、专业导师为辅的专兼职核心能力培养队伍，重点开发学生的核心能力。另一方面，通过多种渠道，进一步普及教师教育理论、学习科学知识，使高职院校从"提供教学的机构"转向"为学习承担责任的地方"，使高职教育从"追求完整的知识技能结构"转向"形成全面的能力结构"，使高职课堂从"提供课程和修业计划"转向"创设有利于产生学习的环境及体验"，使高职教师从"注重传递知识"转向"注重讲解方法、介绍规律、创设学习环境"。

第二节　全面提高教学质量

高等职业教育作为高等教育的一种类型，肩负着为社会经济发展培养高技能应用型人才的使命，在新时代中国特色社会主义建设进程中具有不可替代的作用。各级教育行政部门和高等职业院校要适当控制高等职业院校招生增长幅度，相对稳定招生规模，切实把工作重点放在提高质量上。那么，从一所高等职业院校的具体情况出发，如何提高高等职业教育教学质量呢？笔者认为，应该坚持以下十项举措，以此构建提高高等职业教育教学质量系统工程。

一、育人为根本的思想，行之有效的措施

立德树人是教育的根本任务，对于高等职业教育来说尤其重要，因为高职院校的学生不仅是12年应试教育的产物，更是我国高等教育发展过程中大众化的产物，这两个因素的存在，使我们的学生在人格锻炼、人品修养、人生设计等许多方面存在不足或偏颇。应试教育重视统一的考试结果，难以充分体现学生的个性发展和特长发挥，大众化教育使大部分具有个性、学习成绩不那么突出的学生进入高职院校。高等职业教育以就业为导向，在三年的时间里，担负着把一个高中生培养成职业人的重要任务，

不仅要让学生学习掌握体现高等教育水平的理论知识，而且要让学生掌握从事相应职业所需要的业务技能，更要修炼与之相适应的职业素养，包括崇高的职业理想、良好的职业道德、娴熟的职业技能。因此，坚持育人为根本、德育为先，重视社会主义核心价值体系的融入，重视职业道德教育和法制教育，重视诚信品格、敬业精神和责任意识的培养，对高职教育来说是必不可少的。这是高职教育质量的根本和前提。

二、学生为主体的思想，积极有力的行动

高职教育是高等教育大众化的结果和产物，学校工作应以学生为主体，以教学为中心。因此，高职教育要根据多元智能理论要求来设计教学工作，培养、教育、考核学生，让学生充分展示其个性，发挥其特长，寻找学习的乐趣和成长的快乐，这是非常重要的。然而，学生在学校却面临这样的现实情况：学生的专业选择权有多大，是否只能在服从栏写上服从二字？学生的课程选择权有多大，是否只能在同一教室修完全相同的课程？学生的特长能否发掘、发挥、发展并弥补某些弱项或不足？考核的方式是否必须整齐划一、单调统一？解决这些问题固然需要宏观大环境的改进，但也需要微观层面的改革，主要举措包括以下几个方面：在教育引导的前提下，让学生有一定的专业选择权，不能为了维持某种平衡而限制学生的专业选择权；在专业不变的情况下，允许学生根据自己的特长、爱好和自身资源条件选择专业方向，满足其学习的兴趣和学好；在其他都不变的情况下，充分尊重学生的合理个性，建立一个学习综合考评体系，以综合得分或权重得分作为毕业条件，以解决学生学习自主性问题；在特定条件下，允许学生以其个人特长（如某些获奖、小发明、论文等成绩）替代某些弱项课程，以弥补部分学生因个别短项而造成的遗憾；积极创造条件，开设多方面选修课程，积极动员教师，营造全天候教学和学习条件，注意聘请行业企业兼职教师，充实课堂教学和实践活动，开展丰富多彩的各种活动，丰富学生的学习生活。

三、优质就业目标,创造最佳可能

以学生为主体的思想明确后,我们必须确立以学生的优质就业为目标教育思想的目的。笔者认为,实现优质就业目标,培养学生健康成长和有效成才,要做到以下几点。

首先,必须保证学生初次就业有冲击力。要培养学生养成良好的职业习惯,懂得基本的职业礼仪,具备良好的职业道德,更要有娴熟的职业能力。学生只要具备了从事职业岗位所必需的素养和能力,再加上学校积极拓展学生的就业渠道,其初次就业就有了冲击力,即毕业与上岗零过渡就有可能实现了。

其次,必须努力解决让学生发展转岗有潜力的问题。为此,要加强学生专业基础理论修养,重视人文素质教育,增加模块化教学机会,给学生创造能力拓展学习的条件,使学生做到一专多能、一能多长。

再次,积极为学生成长成才创造必要的条件。这就要求学生树立终身学习的理念,努力学习专业知识,树立社会主义核心价值观,使其真正成为社会主义现代化建设的有用人才。

最后,以就业为导向目标。要认真分析社会经济发展对人才提出的要求,分析就业市场变化发展的特点和趋势,加强前瞻性预测。同时,调整我们的教学内容,改进教学方法,重视对学生就业观的教育和培养,为步入社会和职场做好准备。

四、教学的中心地位

高职院校必须确保教学在学校各项工作中的中心地位,把教学投入和教学设施建设摆到重要位置。但是,近年来高职教育运行中出现以下几种情况:一是教师考核中的科研成果与教学业绩一手硬一手软的情况;二是教学业绩考核中的数量与质量一手硬一手软的情况;三是高职院校运行过程中的行政本位和行政化倾向。这都在一定程度上影响了高职院校教学工作的开展和教学质量的提高。要从根本上解决这个问题,高职院校必须从宏观、中观、微观上进行改革，确立教学的中心地位。

相关管理部门应该真正把高职院校当作一个学校来看待，当作一个教书育人、培育人才的场所，明确培养人是其基本任务，其他工作是为培养人服务或者是履行培养人职能的延伸。为此，考核学校工作要以毕业生的数量和质量作为基本指标，切忌把学校机关化、行政化。

就高职院校而言，必须端正办学指导理念，把教学工作作为学校的基本工作，把提高课堂质量、实训质量、实习质量作为基本常规，确立教学在高职院校各项工作中的中心地位，把系（部）当作学校工作的重心和基础，真正形成学校以学生为本，教师为学生服务，各部门为教务服务的运行机制。高职院校要将学校经费投入到教学设施改善、教学条件提高上，从而创造良好的教学环境。高职院校还要建立教学业绩考核奖励机制，充分调动教师的教学积极性。

就学校教师而言，必须明确自己的本职工作就是教书育人，尽管个人学习、工作、生活、发展等方面需要分配精力和安排时间，然而必须把满足学生的学习愿望、提高学生的学习兴趣、开展正常的教学工作作为基本任务，真正把主要精力用在教学工作上。科研工作要立足于为教学服务，社会服务工作也要与教学工作相统一。

五、加强师资队伍建设

教师在学校教学和学校各项工作中起着十分重要的作用，师资队伍建设是学校最重要的基本建设，一支素质精良、师德高尚、专兼结合、结构优良的专职教师队伍是高职院校师资队伍建设的关键。因此，高职院校必须切实加强师资队伍建设，打造高素质教学团队。

专兼结合是高职院校教师队伍的重要特征，请进来、走出去是高职院校师资队伍运行的重要途径，也是师资队伍建设的重点。一方面，高职院校应当创造条件鼓励和引导在编教师走出课堂，经常深入企业顶岗实践，或者从事实际业务和管理工作，了解行业、了解企业、了解实践，积累实际工作经验，提高实践教学能力、自身的业务指导能力和动手操作能力；

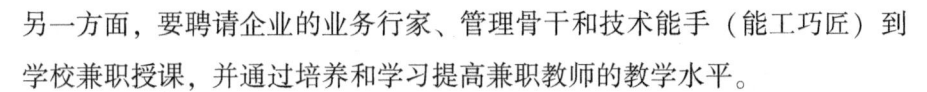

另一方面，要聘请企业的业务行家、管理骨干和技术能手（能工巧匠）到学校兼职授课，并通过培养和学习提高兼职教师的教学水平。

师资队伍建设的重点是专业带头人建设，在培养和选拔具有较高师德风范的教师的同时，也要培养其成为具有教学能力、科研能力、社会能力和教学组织协调能力的专业带头人。要创造条件，营造环境，让专业带头人成为地位最高、待遇最好、最受尊重的教师，真正成为教学名师，对其培养应当看准苗子，创造条件，适当投入。

在专业带头人带领下培育和锻炼优秀的教学团队，是师资队伍建设的重点之一，也是一项基础工作。团队是专兼职结合的，但以专职教师为主体；团队是流动的，但必须相对稳定，要在年龄、学历、专业、职称等方面实现结构互补、优势互补，共同完成各项教学任务。

无论是专职还是兼职教师，都必须注重师德教风的培养、教学能力的提高，引导和要求教师掌握较好的教书育人和职业技能训练能力、育人和职业生涯指导能力、科研和社会服务能力，真正把育人工作落到实处。

六、专业建设

高职院校必须坚定不移地抓住专业建设这个龙头，推进人才培养模式和教学基本建设。

根据区域经济发展的要求灵活调整和设置专业，是高等职业教育的一个重要特色。如果说普通高等学校尤其是研究型大学的重点工作之一是学科建设，那么，高职院校建设的重点就是以专业建设为基点，围绕专业建设开展教学工作。

高职院校专业建设的一个基本出发点是必须适应区域、行业经济和社会发展的需要，把握学校的办学条件，有针对性地调整和设置专业。与此同时，要以重点专业为龙头，带动相关专业协调发展，服务区域、行业和企业的需要。专业建设要避免与普通本科教学同质化的现象，要从生产、建设、服务和管理的第一线找培养定位，从目前市场上紧缺人才并有长期潜在市场的方面找方向，从而使培养的专业人才就业有着落。高职学校设置专业时必须充分考虑学校所处的区域位置、行业背景和人才需求状况，真正找到恰当位置，办出特色和水平。

高职院校必须围绕专业开展管理和建设工作，学校必须选配高水平的专业带头人，培养专兼职结合的高水平的教学团队，组建由行业、企业、学校（有时可包括政府部门）共同参加的专业建设指导委员会，并经常开展活动，真正对学院专业建设起到指导作用。在专业人才培养过程中，高职院校在向学生传授理论知识的同时，要着力培养学生从事本专业相关岗位的技术能力，尤其是操作技能，还要介绍从事本专业相关工作的制度规范等。从专业建设全过程看，高职院校应该围绕专业内容进行教学基本建设，包括师资课程、实训实习基地、图书信息资料和教风学风以及专业文化建设等。

七、课程改革

课程建设与改革是提高教学质量的核心，也是教学改革的重点和难点。高职院校要办出特色，办出水平，其落脚点就应该体现在课程建设上。课程建设是重点，因为对学生职业能力的培养而言，课程、课程体系、课程标准决定了教学内容，因而也在很大程度上决定和体现了教学工作的成效。一个与企业行业岗位和职业高度吻合的课程体系和课程标准，是培养高素质、高水平人才的关键。因此，高职院校必须加大课程建设与改革的力度，着力提高学生的职业能力。

课程建设是难点，一方面是因为课程改革工作量浩大，涉及面广泛；另一方面是因为教师的水平与能力需要经过长期的教学实践才能逐步培养起来，其适应任务驱动、项目导向、能力本位的课程改革本身就是难点。况且，课程改革要取得成功，要求教师必须对行业企业生产经营情况，对岗位、职业工作要求有清晰的了解和科学的把握，能够用科学的理论做指导。因此，从主、客观上看，课程改革和课程建设面临诸多难题。

课程改革和建设是高职人才培养模式改革的落脚点，是高职教育高质量发展的基础和保证。教材建设是课程建设和改革成果的重点体现形式，

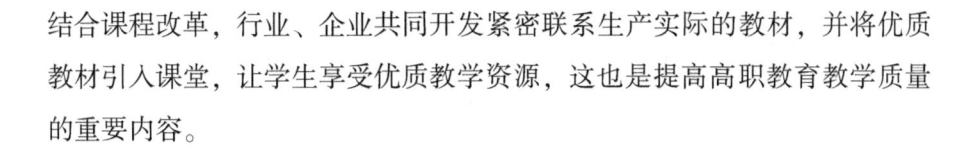

结合课程改革，行业、企业共同开发紧密联系生产实际的教材，并将优质教材引入课堂，让学生享受优质教学资源，这也是提高高职教育教学质量的重要内容。

八、推行现代学徒制

按照我国有关大力发展职业教育的政策要求，高职教育要大力推行现代学徒制，开放办学，加强实训、实习基地建设，使工学结合的人才培养工作落到实处。

具有真实环境、具备实际操作能力的实训、实习基地建设，不仅是高职教学工作的必要环节，也是实现高职教育高质量发展的重要环节。高职教育以就业为导向，把实现毕业与上岗的零过渡作为重要目标，这一目标要求构建一个开放办学机制，大力推进校企合作，尤其是学校教学与企业的合作。它不仅可以有效地推进在编教师挂职锻炼，了解实践，还可以聘请行业企业的业务专家和技术能手到学校任教，当然，基地建设本身就是校企合作的重要目标。

校内要建设一批具有仿真或真实环境，能够进行模拟教学、实战训练的实训基地，以解决理论与实践相结合的问题，有了这些实训基地，就可为教师进行模拟教学、学生进行模拟活动提供训练场所。如果专业和条件允许，再建设一些具有真实环境、真实设备、从事真实产品生产和销售的基地，则更有意义，更能体现高职办学的目标和要求。就这一点而言，不仅工科类专业可行，一部分财经管理类专业、烹饪类专业也是完全可行的，而且也应该积极去做，做了必有成效。

充分利用校企合作机制，在开放办学的前提下建设一大批能够提供顶岗实习机会的校外实习基地，是一项十分重要的工作，它有利于真正把理论与实践、知识与技能、设计与操作很好地结合起来。当然，校外实习基地要真正发挥作用，必须要有教育教学功能，要进行制度和组织设计，基地所在单位在提供实践场所的同时，要给学校学生和教师提供交流、研讨的平台，而不是简单地设点挂牌，将基地作为顶岗操作的场所。

九、正确处理关系

必须正确处理规模、质量、结构、效益之间的关系,形成协调发展的格局。

我国高等职业教育蓬勃发展,为现代化建设培养了大量高素质技能型专门人才,为高等教育大众化做出了重要贡献,丰富了高等教育体系结构,形成了高等职业教育体系框架,顺应了人民群众接受高等教育的强烈要求。高职教育下阶段的工作重点应放在提高质量上。高质量发展是高职教育今后一个阶段的主要命题和主要政策指向,质量是贯穿学校各项工作的生命线,学生的优质就业和良好发展,用人单位的认同和满意是质量的重要体现。

诚然,我们所说的质量应该是建立在一定发展规模基础上的质量,因为办学需要综合效益,国家财政支出需要有绩效,高职教育本身也是高等教育大众化的产物,更何况我国是一个人口众多的国家。我们首先需要为适龄学子提供学习的机会,为高中毕业生提供接受高等教育的机会,因此,适度规模是非常必要的,更是有意义的。

我们所说的质量当然也是有特色的、多样化的质量,它是高等教育大众化阶段的质量,是以就业为导向的教育教学质量,主要看学生的适应岗位能力,看其职业素养、职业能力和从事工作后的成效。只有解决了这些问题,高职教育的规模、质量、结构、效益才是和谐的。

十、构建稳定环境

必须把构建平安、和谐、健康的高职院校校园环境放在重要位置,确保校园环境的安全稳定。

俗话说,发展统率一切,质量高于一切,稳定压倒一切,没有一个安全稳定的校园及周边环境,教师不可能全心工作,学生不可能安心学习,提高教育质量也就成了一句空话。对于学校来说,要切实把教育教学质量落到实处,必须重视安全稳定工作,努力构建一个平安、和谐、健康的校园，建立一个学校、家庭、社会互动育人的管理机制。

高职院校要重视校风、教风、学风建设，要把建设优良教风、学风，培育优良校风，作为学校重要的基础性工作，从这个意义上说，它是提高教育质量的重要条件和组成部分。因此，高职院校必须开展丰富多彩的文化活动，进行健康向上的积极引领和制度层面的有效设计，开展强有力的思想政治工作。

学校要构建和创造一个安全稳定、健康有序的教学和学习环境，必须重视安全保卫工作，注重环境整治和工作协调。推行后勤社会化的学校则必须协调好与社区的关系，真正做到不让学生担心，不给家长添压力，不给领导出难题，不给社会添麻烦，不使自己乱方寸，让学生学习在教室里，乐学在图书阅览室里，勤练在运动场馆中，才华展示在各种活动中，愉悦生活在校园和社区里。

要重视健康校园的建设，在注重制度严明、文明有序、规范运行的同时，加强环境卫生、环境绿化等工作，为学生营造一个健康成长的环境。

要重视与周边社区、行业和企业，尤其是校友的联络，营造一个良好的学校发展环境和学生实践就业环境，为学生顺利就业创造条件，使学生真正在学校学得安心，玩得开心，对成才充满信心。

总之，全面提高高职教育教学质量是一项全面系统的工程，我们只有从各方面做大量艰苦、细致的工作，才能真正实现高职教育的高质量发展。

第三节　适合学生的教育模式

职业教育是教育的一种类型。办好职业教育，关键在于创造有利于学生学习与发展的环境，选择适合学生的教育模式，为学生提供满意的服务，让他们真正成为学习的主体、学习的主人。因此，高职教育要彻底摆脱"教师中心、课堂中心、教材中心"的老框框，从素质教育入手，启发学生的自我意识，充分挖掘他们的内在潜力，使他们重新焕发生机，改变学习状况，摆脱困境，成为社会真正需要的应用型人才。

一、把握"以学生为中心"教育理念的精髓

职业教育的过程是一个以学生为中心的学习过程，"以学生为中心"应该成为我们职业教育工作的理念。帮助学生建立起自尊自强的信心，了解学生的学习需求，研究学生可以接受的学习方式，是这一理念的出发点；运用各种形式和手段让学生全面参与教学过程，并尊重他们的学习选择权，让学生自始至终处于整个职业培训活动的中心，是这一理念的核心。

（一）树立自尊自强信心

帮助高职学生树立起自尊自强的信心，重新评估自己的能力，是促进他们人格健康发展和潜能充分挖掘迈出的第一步，也是至关重要的一步。

在升学竞争对教育的长期影响下，学校评价学生的标准主要是学科成绩是否优秀，而忽视了学生健全的人格培养。一方面，学生成了"考试的机器"，造成"高分低能"甚至"分高德低"的现象，难以适应社会经济的需要；另一方面，高职学生在经受了考试失败的挫折后，身心疲惫，后劲不足，对前途产生了悲观失望的心理压力，对未来缺乏判断和选择的能力，不知道自己要干什么、能干什么。因此，要尊重每一位学生，注重对他们的全面教育，促进其全面发展，强调以行为而不是以结果来评价学生，转变那种"只有上大学、当专家才是人才"的狭隘人才观，让学生认识到技能型人才也是社会亟需的重要人才。学校可采取"走出去、请进来"等形式开展社会调查与社会实践活动，让学生倾听社会各行各业人士的心声，了解他们将来要从事的职业与社会需求的重要关系，对社会发展起到的促进作用。让学生从活生生的事例中得到启发，领悟到人生的奋斗目标并不是只有通过上大学这条途径才能实现，还可以通过其他方式展现自己的聪明才智，实现自己对生命的追求，相信"三百六十行，行行出状元"。

高职院校的教师要形成一个共识，即每个人的一生都蕴藏着许多成功的机遇，对学生能力的评价标准是依据社会的检验，看学生踏入社会以后的表现、贡献。因此，要帮助学生增强信心，树立信念，引导学生学会做自信的人，做意志坚强的人。要明确良好的心理品质是一个人健康发展的必要前提，只有自身人格得到不断完善，人的生命价值才得以充分体现，人的潜能才得以充分挖掘。在教学过程中，教师要改变思维定式，明确教师不是学生意志的主宰者，而是启迪者、帮助者，对学生要多鼓励、多肯定，使他们产生积极向上的力量，带着乐观、自信的心境去认识自我、表现自我。根据学生的实际能力，学校可开展各种技能竞赛、特长展示、演讲比赛等活动，让学生在努力发掘自我的过程中体验成功的自豪感和幸福感。

（二）重视学生的学习与思考

高职教育要重视学生的学习与思考，要让学生学会学习、学会思考，为其终身发展夯实基础。

面对当今瞬息万变的信息时代，人们仅靠在学校教育中获得的知识已不能满足社会的需要，人们已经进入了一个终身学习的时代。在这个时代，人们不仅要终身学习，而且要学会学习、善于学习。素质教育的理念要求教师不仅要对学生进行知识的传授和能力的训练，而且要对学生进行思维方式的训练，让学生学会学习、学会思考，为自己的终身发展奠定坚实的基础。众所周知，长期的应试教育在一定程度上扼杀了学生对知识的好奇与渴求的天性，把分数作为检验学习成绩的标准，导致学生害怕失败，不敢创新和冒险，习惯接受现成的思维模式，缺乏主动学习的探索精神。特别是当学生未达到家长和教师要求的分数时，他们就会感到沮丧和失败，继而对学习感到厌倦和无奈。进入职业院校学习的学生由于成绩不理想，他们心理上经常感到失落、无助，继而对学习感到索然无味，甚至惧怕学习。他们把失败归因于自己的能力不足、天赋不够，这就要求我们从事职业教育的教师，把培养学生的学习兴趣、提高学生的自我学习意识放在首位。

在求知的过程中学生属于不成熟的个体，教师要以学生为主体，构建一个充满阳光的课堂。教师在课堂上要少一些偏见与挖苦，多一份尊重与赞许，从单向知识传授变为双向情感交流，从一味指责变为千方百计让学生品尝成功，让不同层次的学生都能获得心理上的满足，从而让他们产生一种积极向上的动力。教师在教学过程中要强调学习方法，让学生认识到学习的努力程度比学习的结果更为重要，要引导学生学会并掌握科学的学习方法。要培养学生的判断能力、选择能力、创新能力和可持续发展能力，教导学生不能仅仅关注一时的失败，要坚信自己每付出一分努力，都意味着"朝人生的目标前进了一步"。成功了，归因于自己付出了努力；失败了，使学生正确对待自我，重新燃起探求知识奥秘的信心，把学习作为提高自己人生价值的重要途径。只有让学生具备了强烈的自我学习的意识，学会学习，善于学习，他们才会焕发出生命的光彩，不断丰富自己的精神世界，成为有独特思维的个体，成为社会的有用之才。

二、国外教育模式的借鉴

谈到职业教育，人们一下子就会想到德国的双元制模式、美国的CBE模式、澳大利亚的CBET模式等，这些都是很成功的职业教育模式。

（一）德国的双元制模式

德国的双元制模式是一种国家立法支持、学校和企业合作共建的办学制度。

双元制模式中的一元是指职业学校，其主要职能就是传授与职业有关的专业知识；另一元是指企业或公共事业单位，也可以说是学生的课外实践基地，其主要职能是让学生在企业内接受职业技能方面的专业培训，让学生把在学校学到的知识应用到实践中，巩固和升华书本知识，积累实际操作经验。

在德国，职业教育得到了企业的广泛支持，这种双元制模式针对性较强，看重能力，能充分调动企业办学的积极性。在这种制度保障下，企业不仅会制订完善的培训计划，促进专业理论与职业实践相结合，强化技能培养，而且还提供充足的培训经费，给予学校物质上的支持。这种模式对德国学生的培养起着重要的作用，培养出来的都是既有理论知识也有实际操作经验的人才。

德国的高等教育历史悠久，在世界上享有盛名；德国的职业教育，以双元制为特征，成为世界上公认的成功模式。德国的职业教育很好地解决了社会对人才需求细化的问题，例如，适应企业需求的应用型人才的培养目标；要求一定的职业技能和实践经历的入学资格；以岗位需要为导向选择企业实用的教学内容；注重实际应用，加强实训教学练习与实习教学等。这些经验对我国探索高职教育发展规律，构建高职教育培养模式具有重要的参考价值与借鉴意义。

在德国具有职业教育性质的职业学校相对较少，中等层次的职业教育是在公立中学实施的，学生通常用一半的时间学习职业课程，另一半时间学习普通课程，相当一部分学生毕业后进入社区学院继续学习。社区学院具有双重职能：一是根据经济状况设立专业和课程，学生毕业后直接就业；二是学生毕业后升入专业对口大学继续读三、四年级。这种模式把职业教育和高等教育很好地衔接在一起，学生也就可以接受更好的教育，与此同时，这种模式还减轻了高中生的压力。

（二）澳大利亚的职业教育

在澳大利亚，企业、学校和学生之间的关系是开放并且紧密的。企业在其中起领导作用，它保证职业教育的实用性和现实性，根据市场变化和企业要求确定职业教育接受者应具有的素质和技能。澳大利亚教育机构把这些要求细化和具体化为可操作的教学模式，保证教育质量。而接受职业教育的学生则是整个教育体系的中心，他们根据自身特点选择相应的职业课程，并利用资源进行学习，他们的学习质量和学习程度是判断职业教育成功与否的关键。这三者之间配合的程度决定了整个职业教育体系的有效性。

在澳大利亚，职业教育的核心机构还专门为学生的能力水平进行认证，这种认证是全国统一的，也是非常严格的，学生可以考取与工作岗位相对应的职业资格证书。学生考取认证时采用学分制,这既能让学生充分发挥自身的特点,也是澳大利亚职业教育的灵活之处。职业教育的有些专业课直接放到企业或研究所的试验室里进行同步教学是一大亮点。学生的实践教学环节采取分散方式进入多个企业一线,借助企业一线工人和工作环境进行类似中国"师傅带徒弟式"的实习教学。单凭学校的教学实训资源来进行实践教学是远远不够的,这包括实习设备不足、实训指导教师数量不足,这种情况在澳大利亚职业教育中同样存在,但是通过深化校企合作把实践教学放在企业一线的方法,澳大利亚职业教育很好地解决了这一问题。

三、借鉴与启示

在中国,职业教育存在一个很严重的问题,那就是观念问题,人们总觉得职业教育低人一等,考不上普通大学的学生才去接受职业教育,职业院校的毕业生很难在社会上立足,只能做些简单的、重复性的工作,到社会上只能做蓝领,这都是对职业教育的错误认识。职业教育是以能力为本的教育,以培养实用型、技能型人才为目的,培养生产第一线所急需的技术、管理、服务人才。因此,要转变观念,让更多的人来接受职业教育,让更多有能力的人成为高级技术人员。这样不仅可以满足企业对高级技工的需求,同时也可以很好地解决大学生待业人数过多、找不到工作的问题。

外国的职业教育有一个很相似的地方,那就是注重学生的实践经验的培养,都把理论知识和实际操作联系在一起。在德国,接受职业教育者在学校的身份是学生,在工厂的身份就是工人,他们在实践的时候是按合同规定的,因此,他们的责任感得到了提升,工作更加认真。在研究澳大利亚的职业教育时可以发现,他们的认证制度是很有效的,这也是我国可以借鉴的地方。他们认为,确认职业教育与普通教育的同等地位,应成立一个机构来规范职业教育的管理,建立一个统一的全国性的资格证书认证体系,来保证各职业资格相互间的认可。加强学术教育与职业教育的一体化，完善学术资格与职业资格之间的转换；实行职业资格证书和学位证书并举的制度，增强两者之间互补的灵活性和渗透性。

目前，中国高职教育既面临良好的发展机遇，同时也面临社会发展的选择和淘汰。在这既是机遇又是挑战的发展阶段，高职教育必须深刻审视自己的发展方向和办学思路，这样才能拥有稳定和良性的发展。职业技术教育的模式多种多样，每种模式都有长处和不足，选择何种职业教育模式应结合国家、地区的经济发展水平，博采众长、融合提炼、取长补短，使职业教育在社会经济发展中发挥其重要作用。职业教育的人才培养目标就是要培养满足市场需求的技能型人才，要实现这一目标，就要在职业教育中重视学生的技能学习以及动手能力的培养。因此，职业技术教育要改革，首先要提高对职业教育重要性的认识，贯彻以学生为主体、以能力为本位的教育思想，在借鉴国内外先进教育方法的基础上，创新职业教育模式，积极推广应用先进的教学方法和教学技术。

四、国外职业教育模式的启示

（一）发挥政府主导作用，促进职业教育发展

从国内外职业教育发展的成功经验看，政府的主导作用在职业教育的发展中至关重要。高等教育特别是职业教育的发展不是教育管理部门的一家之责，职业教育的发展不仅需要宏观决策层面的政策制度保障，更需要社会、部门、行业、培训机构的通力合作。离开了政府的主导作用，职业教育在社会经济发展中的重要地位、经费投入等问题将无从解决，社会、部门、行业、培训机构的通力合作将无从谈起。2019年，《国家职业教育改革方案》颁布，进一步强调了发展职业教育的重要性，把职业教育提升到国家战略的高度，并明确提出了发展目标、发展路径和保障措施。

（二）转变教育观念，明确培养目标

随着我国社会经济发展对高技能人才要求的不断提高，职业教育既面临着发展机遇，也面临着严峻挑战。发展现代职业教育首先要转变教育观念，明确培养目标，职业教育应以学生为主体、以能力为本位，以培养社

会经济发展所亟需的实用型、技能型人才为目的。

（三）改革专业设置和教学内容，建立新的课程体系和教材体系

国际流行的职业教育模式突破了传统的以学科为体系的教学模式，建立起以职业岗位需求（知识、技能和态度）为体系的教学模式，使职业教育更贴近生产、贴近实际，缩短了教育与就业的距离，真正体现了教育为社会经济服务的宗旨；教材是结合企业生产的实际，通过对工作、任务和技能进行科学分析而开发出来的，教学内容融教、学、做为一体，强化学生职业能力的培养。

（四）加强双师型师资队伍建设，提升职业学校师资力量

先进的职业教育模式离不开高素质的双师型教师队伍，要求教师不仅具有扎实的专业理论基础，还要具有娴熟的实践操作技能。教师不仅是知识和技能的传授者，还应该是学生学习的指导者、管理者和推动者。

（五）实现学历证书与职业资格证书并轨

建立统一的学历系统和职业资格认证体系。由于历史和体制的原因，目前我国职业院校的毕业文凭只具有学历证明作用，如果毕业生想要取得相关专业的职业资格证书，还必须到其他培训机构或由培训机构委托的学校接受职业培训，这实际上弱化了职业院校的就业培训功能。因此，应成立一个机构来规范职业教育的管理，建立一个统一的全国性的资格证书认证体系，保证各职业资格证书相互间的认可。加强学历教育与职业教育的一体化，完善学术资格与职业资格之间的转换；实行职业资格证书和学位证书并举的制度，增强两者之间互补的灵活性和渗透性。

五、对教育改革的认识

国家对职业教育日益重视，社会对职业教育的认识逐步深入，企业对技能型人才的需求也越来越大。职业教育的发展，要以服务为宗旨，以就业为导向。职业学校的教学目的，就是培养具有一定素质的技能型人才，围绕经济社会发展的需要，培养能满足社会、企业需求的技能型人才。但是，从承担国家职业教育任务的职业学校来看，职业教育现存的培养模式似乎不能很好地体现职业教育的培养目的。有人简单地把职业学校学生的就业率当作考核培养效果的主要标准，这是不妥的，当前企业确实存在"用工荒"的情况，加之产业分工更加细化，流水作业更加完善，社会就出现了这样四种声音。一是读职业院校没有什么用，不读书照样能找到两三千元工资的工作；二是成绩不好的学生才去读职业院校；三是选择职业院校是因为孩子去打工年龄还小，让他再多读几年书，多认识几个字也好；四是职业院校所学的知识，工作中根本用不上。就业率掩盖了职业教育的本质，职业教育处在一种尴尬的境地。

因此，现在的职业教育与社会需要的脱节现象较为严重，社会对初、中级人才的大量需求与高职院校毕业生不能满足社会、企业的需求和个人发展的要求的矛盾非常突出。笔者认为，应该从以下几个方面对职业教育的培养模式进行改革。

（一）改革教学模式

目前职业教育的学制为三年，部分学校采取的是前两年校内学习，基本上都是理论教学，即使安排有操作训练，往往也因为指导教师、操作设备、实习耗材的不足而收不到理想的培训效果；第三年名义上是实习，其实就是安排学生就业，有的学校连毕业考试（理论及操作）都省了。

改革以课堂为中心的教学模式，教学要适应专业与岗位的要求，正确分配课堂教学与实践实习训练的时间比例，调整传统的"2+1"式的学制安排，真正将"工学结合、校企合作、顶岗实习"落到实处。打破传统的职业教育理论化的倾向，大力倡导根据社会专业发展现实进行校本教材的编写与使用。目前，绝大多数的职业院校仍没有打破传统的教育模式，从课程编排到课堂教学，除多了几节专业课以外，基本沿袭了传统的教育模式，这让职业院校的学生很难适应。

由于职业院校的教育相对重视理论教学，加上部分学生的学习基础较差，学生的学习兴趣不高，掌握的理论知识就更少，从另一个角度看，也影响了他们就读职业院校的愿望和热情。因此，职业教育必须对目前的教学模式进行全方位改革。一是要根据学校和学生实际编写校本教材，使之更贴近社会、贴近学生、贴近实际。目前职业学校使用的教材与劳动部门技能鉴定的要求不一致，且重理论轻实践，其深度与学生接受能力之间存在着较大的差距。二是处理好在校学习与实习实训的关系，增加学生实习实训的机会。三是改革目前的考试制度，职业院校可采取企业考核制度，重视学生的实际动手能力，多采用现场操作考核，不要一张试卷考工匠。

（二）增加学生实习、实训机会

职业学校在对学生进行职业教育时，必须增加学生就业前的实习、实训机会，让他们掌握相当的技能，尽可能地满足企业对一线技工的需要。

要加大实训的投入力度，为学生创造良好的实训空间、机会。职业教育要发展，单靠学生的收费是很难解决这个问题的。在目前的条件下，虽然各类职业院校不断加大这方面的投入，但与职业教育的发展需求仍有一段距离，这已是职业学校发展的瓶颈。因此，各级政府应有相应的政策和财政支持，为职业院校的发展提供机会和创造条件。同时，学校与企业加强合作办学，争取企业的大力支持。只有这样，学生的实训环境才可以得到有效的改善。

充分利用已有的实训力量，不断拓展学生的实习空间。在有限的实训条件下，高职院校应该充分利用现有的实训条件，给学生创造尽可能多的实习、实训机会，提高他们的技能操作水平。比如，加强与合作企业的联系，大力走校企联合办学的路子，与企业签订实训合同等。在这一方面，一些院校已走出了一条成功的路子。例如，某卫生职业院校除了加强护理专业在本校医院的实训力度，提高学生就业能力以外，还陆续与当地经济技术开发区以及众多企业签订了实习、实训合同，把学生实训的空间和机会大大地延伸出去，不仅解决了学校实训条件不足的问题，还开阔了学生的眼界，使他们在上岗前就受到了在岗的实习和培训。

提高专业课教师和实训指导教师的实训能力，加强教师队伍建设。当前，社会发展日新月异，各种新技术、新工艺层出不穷，专业课教师和实训指导教师如果只局限于学校现有的实训设备，很难让学生掌握企业所需要的各类技术和技能。因此，应该重视教师实训能力的培训，把专业课教

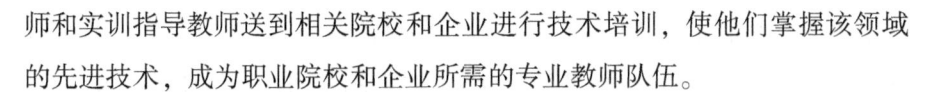

师和实训指导教师送到相关院校和企业进行技术培训，使他们掌握该领域的先进技术，成为职业院校和企业所需的专业教师队伍。

（三）加强学生的养成教育

现在的学生大多是独生子女，备受父母的宠爱，在责任意识、待人接物等方面存在不足。笔者认为，职业院校在传授学生理论知识、提高技术技能的同时，必须加强养成教育和责任教育。主要体现在以下几个方面。

加强学生的思想教育，培养学生树立社会主义核心价值观，使学生具有正确的世界观、人生观和价值观。

加强学生的礼仪教育。笔者发现，大部分学生在礼仪方面存在着一些不足，面对用人单位的提问不知如何应答，不了解职场礼仪，不懂得如何与人相处等。这些问题必须通过规范、全面的养成教育，才能得到有效的解决。

加强学生的责任意识和团队精神教育。传统的职业教育往往只重视就业技能的传授，而忽视了责任意识的灌输，一些学生认为只要掌握了就业技能，就能成功就业。这是一种错误的认识。在现实社会中，用人单位除了需要员工有一定的专业技能外，还非常重视员工的敬业精神和责任心。因此，培养学生不但具有专业技能，而且具有高度的责任心和敬业精神，是职业院校的责任和义务。职业院校要通过各种方式来培养学生的责任心和敬业精神，提高学生的协作能力和奉献精神。

总之，在大力倡导职业教育的今天，我们必须通过政府、社会、企业和职业院校的共同努力，对学生进行全方位的培养，从而提高学生的就业能力、竞争能力，使职业教育获得快速发展，为社会培养更多的有用之才。

六、选择适合高职学生的教育模式

在职业教育的过程中，高职院校可以运用问卷调查和收集教学效果反馈意见的方式，充分了解学生学习需求和学习进展状况，并据此不断调整教学计划。

在办学机制上，高职院校可以采取要灵活多样的方式。比如，在修完大一规定的全部课程以后，应根据学生的意愿分别设置就业班、升学班、第二专业班以及各种短训班等，让就业者有路、升学者有门、继续教育者有平台。

在教学过程中，高职教师可以根据学生文化基础差距较大的现实，选择分层次教学。实行完全学分制的动态管理体系，灵活的课程结构，让学生做自己能力开发的主人；加大限选与任选课程，让学生自主选择学习内容，扬己之长、补己之短，以适应学生的个性发展需求。

在教学组织形式上，高职院校可以采取分组讲座的形式，让学生在充分思考和热烈讨论之后，再得到结论。同时，注重教学组织形式的细节处理，努力为学生营造轻松愉快的学习氛围，如通过不断变换学习场所、不断交换座位等方式，让学生在轻松快乐中开始一天的学习。

职业教育为教师搭建了施展才华的广阔平台。教师要以学生为中心，用爱心正视学生、读懂学生。教师只有树立了服务学生的理念，选择合适学生的教育模式，才会拓宽学生成才的道路，架设起学生走向成功的桥梁。

第四节 推动高职教学改革

当前，国家大力发展职业教育，社会经济发展对职业教育的需求空前迫切，职业教育面临前所未有的发展机遇。在职业院校进行示范性建设的大背景下，教学改革是示范性建设的重要组成部分。高职教育应以教育观念转变为先导，以教学模式改革为载体，以教学内容改革为核心，以教学质量提高为重点，以适应社会需求为前提，以学生能力培养为根本，提供优质的教育服务，努力办出特色。

一、确定培养目标，提高教育教学质量

基于对高职教育的认识，笔者认为，应采用职业分析的方法确定各专业的培养目标。首先，深入相关企业进行调查，了解企业对职业岗位能力的需求，确定学生毕业后所从事职业岗位的业务工作范围，进一步确定人才培养目标。调查内容主要包括思想政治素质、业务工作范围、业务能力要求和知识结构等内容。其次，在明确人才培养目标的基础上，按照对毕业生工作岗位的能力需求分析，以岗位职业能力来确定课程与教学环节的设置。要体现以实际应用为主线、以能力培养为根本、以学生发展为中心、以教学服务为模式的教育理念，打破传统课程原有的学科体系，按照"必需、够用"的原则将知识进行重新组合与创新，实行整体优化，重新构筑各专业课程体系。最后，加强通用工具系列课程建设。例如，为了体现新技术发展和社会进步的需要，在外语和计算机教学中应确定较高的教学目标。

二、高职教育需要教学管理的创新

（一）教学管理思想观念的变革是管理创新的基础

教学管理的目的是调动教师、学生投入教学的主动性与积极性，任何一项教学管理政策、制度和措施的出台，既要有利于鼓励教师创造性地教，也要有利于发挥学生的学习主动性，有利于发展学生的个性、特长和潜能。因此，要贯彻"以人为本"的思想，坚持面向基层、面向教学第一线、面向服务对象的原则。

（二）营造有利的氛围，为学生发展个性提供条件

学校的规章制度是为了使学生履行一个公民应尽的责任与义务以及达到专业培养最基本的要求，除此之外，都只能是引导而不是限制。学校应该建立适应素质教育要求的教学管理制度，这种管理制度既严格，又不是一刀切；既规范，又有一定的柔性与弹性；既明确体现对全体学生的基本要求和标准，又能为发展学生个性、支持尖子学生脱颖而出创造条件。这

就要正确处理严格与规范、统一与灵活之间的辩证关系。

（三）正确处理教学与科研的关系

高职院校要正确处理教学与科研的关系，充分调动广大教师投入教学改革的主动性与积极性。

当前高职院校面临的一个突出问题是如何处理教学与科研的关系。一些高职院校在科研与教学的政策上，往往是前者硬，后者软；前者具体，后者模糊；前者是学校的热点，后者则口头上重要、落实起来不到位。这样，教师感到教学是软的、过得去就行，科研压力大、有吸引力；教学没搞头，不如搞科研实在。这就大大影响了一些教师对教学的投入。只有我们的政策让教师感到加大教学投入、搞教学改革是值得的，教师才会真正投身于教学改革，进一步提高教学质量。教师是教育教学的具体实施者，教师的观念将直接影响教学改革的效果，教师水平将决定教育教学的水平。

高等职业教育实施的是高中后的教育，它与中职教育不同；但它又是职前教育，又有别于成人教育；同时它又是就业教育，具有实用性和实效性。因此，高职院校要按照社会特定职业的需要培养学生的职业素质和技能。由于实际需求是多元的，对教师的培训也应是多元化的。比如，选派青年骨干教师攻读硕士学位，以提高教师的学历层次；为了学习先进的教育理念和先进的教学模式，选派专业带头人到国外培训或进修；为了更新专业技术知识和提高实践能力，鼓励教师参加各类技术培训和实践，获得各类技术资格证书等。这些措施都会促进师资队伍整体水平的提高。

三、注重学科交叉，重构实践教学体系

（一）学科交叉是当代科学技术发展的主要特征

从学科的整体发展与综合化出发，合理构建教学内容与课程体系，整合、重组课程，是构建培养方案时需要遵循的重要原则。要传授给学生整体性的知识，既要注重其他学科知识对本学科的影响及在本学科领域中的应用，也要在精选知识、交叉融合上下功夫，搞好整体优化。切忌将新知

识机械地叠加或简单地照搬相关课程。此外，要让学生了解本学科的前沿技术与发展动向，进一步拓宽学生的视野。

（二）重构实践教学体系，为实践创新打好基础

实践是创新的基础，高职学生实践能力的培养是高职教学改革的重要内容，日益受到人们的重视。高职教育要构建科学的实践教学体系，这种实践教学体系既与理论教学平行，而又相互协调、相辅相成。高职教育要尽可能为学生提供综合性、设计性、创造性比较强的实践环境，让学生在三年的高职教育中能经过多个实践环节的培养和训练。这种培养和训练不仅能培养学生扎实的基本技能与实践能力，而且对提高学生的综合素质大有好处。

比如，传统会计教学通常采用"文字表达经济业务，T字账户讲解会计处理"的教学模式，偏重理论讲授，而对实践环节重视不够。由于会计学科具有更强的社会实践性，这就要求所培养的学生应具备较强的会计实践运作技能。因此，职业学院会计系通过对会计实践教学改革的研究，要改变现行会计实践教学过分依附理论教学、闭门造车的现状，开发研究适应高职会计专业教学体系的教学计划、发展规划、课程建设；编写适应高职教育的会计实践系列教程；建立一个相对稳定的校内外实习、实训基地；培养一支具有较强实践能力和丰富实际工作经验的专、兼职教师队伍；逐步形成基本实践能力与操作技能、专业技术应用能力与专业技能、综合实践能力与综合技能有机结合的实践教学体系。

四、把教与学的关系转到正确的轨道上来

我们进行教学研究，要研究教师如何教，更要研究学生如何学。高职教育要求我们多研究一些"学"的问题，例如，怎样让学生的主体作用得到充分发挥，怎样使学生在生动活泼的氛围中学习，怎样在各个教学环节中调动学生学习的主动性和积极性，学生的学习状况如何，最希望学校和教师为他们解决什么问题等。教师如果深入学生多做些调查研究，就会发现许多深化教学改革的鲜活课题，从而拓宽教学改革的思路。

这一点很值得我们去关注，因为学校是为学生办的，学校是为学生服务的。

教学过程是师生交往、共同发展的互动过程。高职教育应逐步实现教学内容的呈现方式、学生的学习方式以及师生互动方式的变革，课程改革的核心环节是课程实施，而课程实施的基本途径是课堂教学。因此，课程方案一旦确定，课堂教学改革就成了课程改革的重头戏。

高职教育要重视师生交往，构建互动的师生关系、教学关系，这是教学改革的一项重要任务。教学是教师的教与学生的学的统一，这种统一的实质是交往。

在教学过程中，教师要处理好传授知识与培养能力的关系，注重培养学生的独立性和自主性，引导学生质疑、调查、探究，在实践中学习，使学习成为生动活泼、富有个性的过程。教师应尊重学生的人格，关注个体差异，满足不同需要，引导学生主动参与教学，激发学生的学习积极性，培养学生掌握和运用知识的能力，使学生得到全面发展。把教学本质定位为交往，是对教学过程的正本清源。教师与学生都是教学过程的主体，在教学过程中，强调师生之间、学生之间的动态信息交流，这种信息包括知识、情感、态度、需要、兴趣、价值观等方面以及生活经验、行为规范等。通过这种广泛的信息交流，实现师生互动、相互沟通、相互影响、相互补充。传统意义上的教师教和学生学，将不断让位于师生互教互学，形成一个真正的学习共同体。

在当前形势下，我国职业教育既面临着机遇，也面临着挑战。要克服前进中的困难，解决发展中的问题，必须坚定信心，坚持以改革促发展，在挑战中抓机遇，坚持不断探索与实践。这就要求我们以全新的教育理念和勇于实践的精神去进行创造性的工作，要遵循规律、改革创新、循序渐进、求真务实。要从高职院校的发展需要出发，不断深化内涵建设，提高质量管理，发挥整体优势，拓展高等职业教育的职能，以全新的办学服务理念构建一个实现多方共赢的平台，利用学校的整体优势实现多层面的拓展。

第二章

信息化教学在高职教学中的实践

第一节 信息化教学在高职教学中遇到的问题与挑战

近年来，我国高职教育发展迅速，招生人数不断增加，学校规模不断扩大，这对高职院校的教学管理水平提出了挑战。只有不断提高教学管理水平，才能满足高职院校的教育教学发展要求。现代信息技术发展日新月异，这对提高高职院校的教育教学水平具有较强的推动作用。高职院校只有不断创新，才能提高办学质量，而要创新教学管理方式，则需要将先进的信息技术融入其中，研发适合高职院校的教学管理信息系统，建立信息化的教学管理模式。由于高职班级、课程、教师、教室等教学资源不断扩大，需要高效安排与使用这些资源，因此，高职院校教学管理开展信息化建设形势紧迫。

为了进一步了解高职院校教学管理信息系统和网络教学资源平台的使用现状和存在的问题，笔者通过调查问卷和访谈等方式收集资料，以期通过客观的数据和主观的问答形式，使调查结果更加真实、有效。

一、高职学生对信息化教学的认可度不高

目前高职院校的在校学生处于青少年阶段，对社会、学校及所学专业抱有很强的好奇心，对今后的就业以及在校内接触到的新鲜事物有着较强的接受能力。由于高职院校学生所处年龄段的特殊性，学生具有很强的可塑性，不管是心智方面还是言行等方面都需要学校和教师加以正确的引导，塑造其良好的品格。目前，高职院校逐步实现信息化教学管理，网络教学系统逐步应用到课堂教学中，但是普遍存在着学生对信息化教学的认可度不高、信息化教学系统利用率偏低的现象。这种现象主要表现为：一是学生的文化基础较差，提高教学水平有一定的难度；二是学生的学习动力不足，积极性不高。

同时，高职院校教师在运用网络信息化教学方面也存在欠缺，不能很好地满足学生的要求，因此，教学无法达到理想的效果。针对学生的整体文化基础较差的情况，教师在教学内容的设计上应有一定的针对性，如果只是教材内容的简单叠加，就没有必要进行信息化课堂设计了。教师在信息化课堂设计中应运用信息化教学的优势，提高学生的学习兴趣，增强学生的自主学习能力。

在课程设计上，教师首先应当注重课程教学内容的设计。在教学中适当地运用信息化教学方法，并与其他媒体相结合，以期实现教学的立体化，让学生能更好地学以致用，同时也有利于教师在实操中提高自己的信息技术水平，从而提高学校的教学质量。

二、高职院校教师的信息化教学水平不一

通过对几所职业技术学院的学生进行的问卷调查，以及对部分教师的采访得知，目前在高职院校内开展的信息化教学建设还存在一定的问题，需要逐步解决。高职院校课堂开展的信息化教学建设，多数是处于虚有其表的状态，并未真正发挥其应有的效果。高职院校信息化教学建设，要以学生为

本，在课程内容设计时充分考虑到学生的现实情况，制作的课件要切实可行，不能盲目追求课件的华丽，也不能简单地将课本知识进行由纸质书籍向电子屏幕的转移。要以提高学生的知识、技能和情感为目标，建设立体化的教学体系。信息化教学模式建设的目的是使学生能够超越时间、空间，能够随时随地学习，不再受课上时间的限制。信息化教学主要以计算机为主，它改变了传统的授课方式，所具有的交互性、超文本性和网络性等特点能够很好地提高学生的学习积极性，使学生能够自由地去遨游知识的海洋，探索未知的知识。教师在信息化课堂中所起到的作用，则由传统的知识的传授者转变为学生学习的助力者。但由于教师受知识、阅历等方面的限制，其信息化技术水平参差不齐，因此，高职院校教师的信息化教学水平不一，信息化教学建设并未发挥其应有的效果。

三、信息化教学所面临的挑战

笔者调研发现，高职院校信息化教学在给教学带来便利的同时，也带来了一系列挑战。在信息化教学中，教师应将学生放在第一位，培养其积极获取知识信息的主动性。教师要充分发挥其在教学过程中的指导作用，降低其在教学中的控制支配权，改变以往教学模式中知识权威者的身份，通过激发学生的学习兴趣，培养学生的自主学习能力。在这种情况下，教师会由于其自身权威地位的变化，导致其在应对突发状况时处理不当，这会阻碍信息化教学的实施。

另外，许多高职院校的教学设施、设备落后，不能满足信息化教学的要求，这就要求学校要加大资金投入，不断更新教学设备，提高学校的信息化建设水平。但由于各地区的教育水平差距明显，一些学校缺乏资金支持，从而影响了学校的信息化建设。而且，由于一些教师不具备相关技术能力水平，不能有效地进行信息化教学，也在一定程度上影响了信息化教学的实施。

四、教学管理信息化存在的主要困难

调研发现，一些教师对教学管理信息化的重要性认识不足，习惯于传统的教学管理模式，工作效率低下。这显然不适应当前教学管理信息化的要求。高职院校要步入科学规范的发展轨道，就要进一步提高信息化管理水平。一些高职院校的教学管理信息系统缺乏规划，不能实现教学管理相关部门之间的有效配合。因此，高职院校的教学管理信息系统还需要与具体的教务工作内容进行磨合，对不合理的教学管理信息系统设置要进行调整。一些高职院校的教学管理制度滞后于信息管理系统的实际应用状况。由于对教学管理信息管理制度的制定要依托于高职院校教学管理的信息化应用现状，并对其未来发展的动态进行规范管理与控制，因此，高职院校信息管理制度的制定往往处于滞后状态，相关人员对出现的问题往往推脱责任。一些教学管理人员的计算机操作能力有限，无法熟练使用教学管理信息系统，造成工作效率低下。

第二节 高职院校信息化教学建设

一、高职院校课堂信息化教学建设原则

具体而言，高职院校课堂信息化教学建设应遵循以下原则。

（一）理论性原则

高职院校课堂教学进行信息化改革后，高职教学的本质并没有改变，教育的目的是为社会培养技术型人才，学生要学习扎实的理论知识，教师所传授的理论知识和基本技能应当满足社会的用工需求。因此，理论教学在教学过程中是必不可少的，它是所有学科的基础。

（二）实践性原则

高职院校对于学生的培养，更多的是培养他们的实践能力，使其能够独立完成某项技术工作。因此，高职院校在进行理论教学的同时，更要重视对学生实践能力的培养。信息化课堂教学的实践性，就是通过信息化技术手段更好地展示实操过程，让学生直观地了解到所学知识的应用方法。

（三）交互性原则

高职院校信息化课堂教学建设，打破了传统模式下教师只是教的模式，更加注重学生与教师之间的交互性。在信息化课堂教学中，学习的主体是学生，教师的主要作用是鼓励学生利用一切可利用的资源，特别是网络资源进行学习，并提供适当的帮助和指导。教师可以面对面地为学生进行学习指导，也可以通过网络在线进行答疑解惑。

（四）动态生成性原则

信息化课堂教学的目的是要让学生能够自主学习，这就需要高职院校在进行信息化课堂教学建设时考虑到课程的动态生成性原则。学生在教师的引导下，主动探寻课程知识，不断完善自己的知识结构，并从中体会到自主学习的乐趣，以激发学生更多的学习热情。

（五）互补性原则

课程学习的内容是多样的，课程的呈现方式也应该是多种多样的。教师可以利用声、光、电等不同的表现形式使课堂教学变得生动有趣，从而弥补课程本身的枯燥性。在教学过程中，教师要把课堂讲解和自主学习相结合，在课后，学生可以通过网络查阅更多的资料来对课堂上的内容进行补充。

（六）学生中心原则

无论是传统的教学模式还是信息化教学模式，学习的主体都是学生，课程的设计要体现以学生为中心的原则，信息化课堂教学建设也应有学生参与其中，这样的设计才更能贴合学生的自身特点，对提高教学质量和教学效率有着重要的指导意义。

（七）立体化原则

高职院校课堂信息化教学的建设，其主要目的是满足不同层次的学生的学习需求，不仅包含不同水平的学生，而且要针对学生不同阶段的学习需求进行设计。教师的教学方式要遵循立体化的原则，使课堂教学的形式日渐丰满起来，在注重教学细节的同时，完成相应的教学目标。

二、高职院校课堂信息化教学的发展策略

（一）教学方法与过程建设

传统教育崇尚"因材施教"的教学方式，信息化课堂的建设使得此种教育方式变为可能。高职院校课堂中信息化教学方法的运用，使师生之间、生生之间的沟通交流变得更加便利，交互性更强，教学方式不再是传统的"填鸭式"，学习和交流不再受时间和空间的限制。虽然学生的学习状态和学习能力存在差异，但是通过信息化课堂教学，可以满足不同层次学生的学习需求。随着立体化网络教学方式的逐步推广，教师的教学任务也逐渐加重，教师不仅要熟练地使用网络教学条件，而且还要将传统的课堂内容通过改编使其适合网络教学模式，以保证教学过程的顺利进行，保证良好的教学效果。

（二）教学内容组织

目前，高职院校信息化教学中主要存在以下问题：第一，教学的主体是学生，但教师在课程内容设计上往往会忽视这一主体，使学生丧失了自主学习的机会；第二，部分课程内容设计上没有考虑高职院校学生的自身特点，学生不能适应；第三，课堂设计应当注重理论与实践相结合，在了解理论知识的同时多进行实践，目前来说课程中实践的部分过少；第四，虽然采用了信息化教学模式，但是对于课程内容的更新仍需加强，教师教授的内容过于陈旧，不能展现行业的最新知识和信息；第五，课程中虽然加入了互动交流的部分，但是没有真正起到互动的作用；第六，对课业的评价只注重结果，课程学习过程的评价还有待增加；第七，对于学习方式的设计，没能体现出信息化教学的精髓，对于新型教学方法的运用还有待

加强。针对以上问题，笔者从不同方面进行了分析，探讨高职院校信息化教学建设的发展策略。

1. 教学目标

在信息化教学建设过程中，课堂教学目标的确立是十分关键的。课程的设计首先要有明确的教学目标，要坚持理论教学与实践教学相结合的原则，制定切实可行的教学目标，并通过教学目标的确立激发学生的学习动机。由此，教师的课堂教学更容易开展，并能做到有的放矢。

2. 思维点拨

在课堂教学中，不论是以前的传统教学方式，还是如今的信息化课堂教学方式，教师对学生的引导都是必不可少的。信息化课堂教学与传统教学的不同之处在于，教师只是对学生进行思维点拨，而不是代替学生思考，将思考回答问题的权利交给学生。在学生无法回答问题的情况下，教师要引导学生借助网络、书籍或是小组讨论的方式进行思维点拨，从而得到问题的答案。

3. 知识构架

一堂课的内容有很多，而以往的课堂教学只是简单的知识堆积，学生理解、记忆起来都有困难，也不便于复习。信息化课堂教学建立起知识构架，在便于学生理解、记忆的同时，也有助于学生在课外进行自主学习，从而能够提高学生的学习效率，达到理想的学习效果。

4. 资源开发

信息化课堂教学建设的目的是要培养学生自主学习的能力，而要做到自主学习，学生在学习过程中就要主动地去发掘与课程内容相关的知识，举一反三，用已学的知识拓展到更广的知识面。教师在教学过程中进行资源开发的设计，就是帮助学生对所学知识进行拓展，利用网络搜索更多的学习资源。

5. 三维评价

信息化课堂教学建设要求对学生和教师的评价，要包含过程性评价和结果性评价两方面，这两方面又是分别来自学生、教师和其他成员的综合

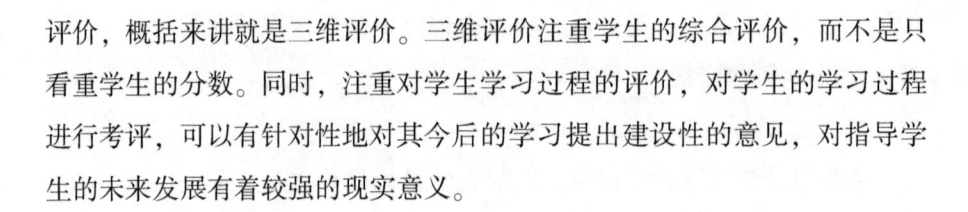

评价，概括来讲就是三维评价。三维评价注重学生的综合评价，而不是只看重学生的分数。同时，注重对学生学习过程的评价，对学生的学习过程进行考评，可以有针对性地对其今后的学习提出建设性的意见，对指导学生的未来发展有着较强的现实意义。

三、媒体资源建设

课堂信息化教学在信息化的基础上构建起教学资源库，以方便教师在教学过程中收集课程资料，而教师在课程教学过程中用以展现教学内容的方式又是多种多样的。目前，教师最常见的教学形式是以PPT课件的形式进行授课，另外还有影视资料、图片资料、实物模型等资源可供选择。不管是PPT课件，还是影视资料、图片资料等，都可以在线与学生进行交流分享，不仅方便教师对资料进行管理，也为学生自主学习提供了便利。信息化教学主要以媒体教学资源为主，而媒体教学资源又有着多种形式。

（一）电子教材

在新型授课模式下，以电子设备为载体的教材越来越为学生所接受。时下，智能手机、电子设备等更新换代越来越快，设备的功能也越来越强大，电子教材正逐渐替代传统的纸质教材。因此，高职院校课堂信息化教学建设要建立合理的电子教材库，以供学生自主学习时下载之用。

（二）电子教案

相对于电子教材，电子教案也是一项必不可少的方式。教案是教师进行课程传授的依据，随着课堂信息化进程的推进，传统的纸质教案也在逐步转化为电子教案。电子教案在教师教学过程中的便利性自不必说，其形象生动的展现方式也深受学生的喜爱。电子教案的使用使得教师的教学变得简洁明了，但是电子教案并不是完美的，对于电子教案的使用还需进一步完善，以便满足学生的需求，符合教学大纲的要求。

（三）电子课件

教师制作课件是为了能更形象生动地展示课堂上所要呈现的课程内容。课件的制作有专门的软件，只要教师有一定的计算机基础，就能很好地运用课件来完成教学内容。在制作教学课件时，可以插入仿真技术、动画、视频等。在应用过程中，电子课件的设计和制作非常重要。例如，微课视频制作方式有四种：一是用专业的相机、DV、手机等工具进行拍摄；二是采用一些专业的视频录制工具进行视频的录制与编辑；三是用 PowerPoint、Flash 等软件进行视频的录制与剪辑；四是多种工具一起使用，如使用专业摄影机来进行视频的录制和剪辑编辑。这种教学方式，可以有效地帮助学生理解抽象的概念、原则，有助于提高教学效果。视频、动画、仿真技术的使用，不仅使教师在教学过程中少花费时间解决基本问题，有更多的时间去满足学生个性化需求，还能让学生更加深入地学习知识点，从而提高教学效率。值得注意的是，在微课视频播放过程中，教师不能不言不语，而要在适当的时候针对视频中所提到的知识点加以讲解，并提出问题，给学生充足的时间进行讨论，使其在讨论、交流中完成课堂学习任务。

总之，在课堂信息教学中，教师所饰演的角色不再是知识的搬运者，而是学生思维的开发者，让学生在学习中变得更加具有自主性、独立性与创新性。

第三节　高职院校课堂信息化教学的实施路径

一、高职院校课堂信息化教学的实施措施

（一）针对高职教育特点，筛选信息化教学资源

高职院校的培养目标是为社会培养技能型人才，学生在毕业步入社会后应具有相应专业的实践能力，能够在岗位上解决一些实际问题，成为具有实操经验的、工作能力较强的多面手。在教学过程中，教师除了传授理论知识，还要带领学生进行大量的实习、实践活动等。在高职院

校短短三年的学习时间里，教师需要通过不同的教学方式，让学生全方位地了解自己所学的专业，并且要深入企业一线岗位，进行亲身体验。目前，在信息化教学建设逐步推进的情形下，教学手段更多地采用了现代化的多媒体技术。

笔者选取微课这种信息化教学手段进行介绍。

微课是信息化时代利用互联网传播知识信息的一种新模式，在高职院校中，不论什么专业，学生需要掌握的知识点都是零散而繁杂的，通过微课这样一种方式，对不同的知识点进行梳理与整合，教师可以在不同的时间、地点进行解惑，学习也不再是固定、按时、限时、僵化的模式，而是无处不在学习、无时不在学习，这对传统教学模式是一种挑战。采取微课形式来构建知识框架，让学生能够自主地学习，通过培养自己的兴趣爱好来构建学习模式，对自己所需的知识要点进行梳理，打破传统教育方式中的知识的不可分割性。高职院校对高职教学信息化建设，除了要提供专业的"必需、够用"的各种类型的学习资源，更重要的是应用实践，如虚拟实验场景视频和现场操作视频，以及动态的最前沿的相关专业技术等。总之，为了实现高职学生"零距离"就业岗位的目标，高职院校必须紧密结合高职教育的特点，进行课堂信息化教学资源的建设，发挥其在高职教育中的作用。

（二）信息化教学过程优化，使教学课程立体化

通过调查发现，高职院校课堂信息化教学无法充分满足学生的需要，是课堂信息化教学中存在的一个重要问题。为了优化内容和流程设计，保证高职院校信息化教学的有效性，保证教学能根据实际需求进行，高职院校课堂信息化教学建设应该做到以下几点。

1. 重视课堂信息化教学的开发和设计

高职院校要高度重视课堂信息化教学的开发和利用，课堂信息化教学的设计、实施方案要符合操作标准和规范。要从信息化教学的广度、深度和高度，探讨高职院校课堂教学信息化建设的技术选择，并具体组织实施。

2. 重视高职院校的课堂信息化教学的情感互动

大多数网络教学资源建设过于强调知识和交互设计，忽略了情感互动。纯粹的知识内容，学生学起来容易倦怠。应多组织一些充分表现学生情感体验的学习资源，以调动学生的学习积极性。在课堂信息化教学过程中使用微信公众号，可以给学生提供更多的互动体验，让学生主动挖掘内容，并与学生进行实时沟通，鼓励学生树立信心，积极探索，在学习过程中实现情感交互。把微信公众平台设置为相对私密的平台，以不公开姓名的方式回答问题，不仅尊重学生的隐私，并且可以更好地进行沟通交流。这是在科学合理地组织教学内容和课程设计的同时，增加对学生的情感启示，保持其主动学习的状态，这样的教学才能称为高质量的教学。

（三）实训视频实时交互，增强课堂教学互动性

高职院校三维网络教学资源建设的目的是有效地辅助课堂教师教学，促进学生的自主学习。基于主题教学视频的实践，对教学的实施和学生自主学习的发展都能够起到很好的促进作用。而将传统的实训视频变为可以进行实时交互的实训视频，不仅提高了课堂教学的互动性，也为校企合作、社会资源共享提供了前提和基础，不失为一种有效手段。

1. 实训视频使课堂信息化教学更具专业性

高职院校的课程开设是根据专业的不同而分门别类地进行设置的，相关专业的教师对于本专业的教学内容和课程特点应当十分清楚。在进行课堂信息化教学建设时，专业课教师对于专业知识的重点和难点，能够通过网络的运用来更加直观地对学生进行讲述，在进行答疑解惑时也能更具有针对性和适用性。另外，教师在备课阶段选择辅助学生学习的资料时，也能准确地挑选一些实用性的视频资料等。

2. 实训视频资料对立体化网络教学的意义

视频教学是一种非常直观的学科知识教授形式，特别是对于高职院校的学生来说，多数的专业技能需要不断地与实际联系才能掌握。实训视频教学不仅是学生学习专业知识一种简单有效的教学方式，而且对于一些不容易用语言表达清楚的实际操作技术和方法，实训视频的存在无疑解决了

这一难题。因此，实训视频对于提高网络教学的学习效率有着积极作用。

信息技术与传统的课堂授课相结合，使学生对书本知识有了更加深入的了解，加上学生对新鲜事物往往更感兴趣，从而使学生对教师所传授的文化知识和实用技能能够更好地吸收与运用。高职院校培养的学生走出学校就要面对社会，能否培养出适合社会需求的学生是每一个高职院校所面临的问题。因此，高职院校在设立公共基础课和专业课的教学任务时要特别强调以下两点：公共基础课的任务是开阔学生视野，为学生接受继续教育、转换职业、适应科技发展提供必要条件；专业课程的任务是使学生了解最新的科技成果，注重学生在专业领域的创新和发展，促进科学技术的发展，适应特殊人才的需求。

3. 实训视频建设有利于立体化网络教学资源环境的建设

培训视频需要不断的开发和优化，以供给刺激需求，通过学生的实践以加深理解，满足不同学生的需求。高职院校要从专业设置的高度，重视培训视频资源的开发和优化，促进网络环境的立体化教学资源建设。笔者认为，应采取应用聊天软件平台进行实时实训教学的模式，学生在实训教室中，手边就是实训设备，同时与视频中的企业工程师或其他院校的教师等进行实时互动，遇到问题及时解决，碰到困难当场讲解，真正实现了高职院校立体化网络教学资源的建设，达到了根据需求去完善现有应用建设的目的。

（四）网络教学资源有偿共享商业化运营

为了适应教育可持续发展和教学社会化的需要，适当地进行教学资源共享，既符合当代教育发展的趋势，也能够促进教学信息化的发展。共享并不意味着完全免费，而是实现教育公平和教育社会化的目的。

基于实训视频设计，将授课的实时视频进行录屏，并针对不同专业建立微信、QQ讨论群，通过有偿入群、资源共享的方式进行教学资源的有偿共享。这一商业化运营模式虽然还处于试行阶段，在形成规模后，不仅可以突破传统的政府补贴方式，充分吸纳社会资金，而且也是高职院校信息化教学课堂引入市场化运作机制，实现高职院校的课堂教学与社会其他

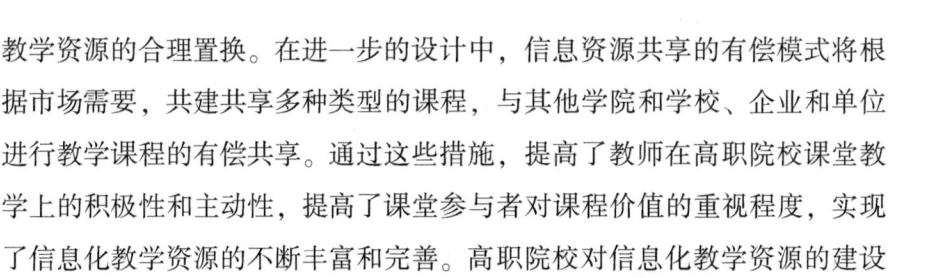

教学资源的合理置换。在进一步的设计中，信息资源共享的有偿模式将根据市场需要，共建共享多种类型的课程，与其他学院和学校、企业和单位进行教学课程的有偿共享。通过这些措施，提高了教师在高职院校课堂教学上的积极性和主动性，提高了课堂参与者对课程价值的重视程度，实现了信息化教学资源的不断丰富和完善。高职院校对信息化教学资源的建设和维护，可以实现信息化教学资源的可持续发展，提高了学校的经济效益，并促进科研成果的转化。

（五）多方合作培养创新型人才

要充分利用社会资源，特别是与企业合作，共同建设信息化教学资源平台，实现共建共享。这一模式，既符合我国经济社会发展需求，也能够很好地切合学校、社会的实际需求；既能够有效促进社会教育资源的整合，也能够扩大信息化教学资源的影响，提高高职院校教学资源的利用效率。

（六）量身打造微课，充分利用信息资源

微课的出现符合移动互联网时代的特征，它以建构主义为指导思想，具有主题明确、短小精悍的特点，符合学习者碎片式学习需求，为学生在线学习提供了平台。这种网络教学模式和手机终端、电脑终端等电子设备终端进行有机的结合，能够使学生获取更多的信息资源。

为了让学生更好地上好微课，笔者通过剖析高职院校微课教学以及学生网络教学管理中存在的问题，结合自身在职业技术院校的教学实践和实证研究，通过校内微课的推广应用以及学生反馈的问卷调查，认为微课只有借助多种教学创新平台，才能实现"微课+终端"的广泛应用。教师录制好微课的视频后，经过技术人员和微信公众平台管理人员的编辑加工，对学生进行推送。这样一来，学生不仅可以随时在手机终端上查阅微课，还能够利用微信公众平台的回复功能与后台老师进行沟通问题。这一模式解决了微课教学和手机课堂管理中存在的问题，使技术教育进课堂、生活实践进课堂、创新教育进课堂的微课教学往前迈进了一大步。

笔者认为，在微课教学和平台建设上要做到以下几点：一是以用促建，微课资源的教学应用实践是根本；二是微课的后续发展应呈现课程化、专题化、系列化；三是平台需要更先进的技术支持；四是教学大赛评价机制更加多元化，让职业院校的学生结合职业教育特点和自身发展特点，真正做到"学中玩，玩中学"，实现享受学习的过程。

（七）加强高职院校教学信息化建设的有效措施

1. 加大对教学管理信息化的资源投入

高职院校要加大信息化网络的硬件设施投入，加强课程平台建设，提高课程建设水平。同时，优化教学管理团队结构，将信息技术人员引入教学管理队伍中，发挥其专业优势，使软硬件相融。

2. 提高教学管理信息系统功能

为了方便教师和学生使用，高职院校要提高教学信息系统的管理水平，要对各种信息进行分类管理，让管理人员了解各自的权限，熟悉权限对应的功能，掌握操作要领，达到提高工作效率的目的。

3. 充实与完善教学管理应用平台

教务部门要通过教学管理平台、网络平台，实现对人才培养、教学监管、教学评价与反馈、顶岗实习管理等功能，设置管理权限，分层分级逐一实现网上录入、网上查询、实时监控与反馈。其具体内容包括：专业人才培养方案管理、课程设置管理、教师资源库建设、授课计划管理、考试改革与管理、教师业务考核结果、信息反馈等，从而实现教学管理从计划到实施再到评估的全程电子化处理。教学管理的信息化建设要根据教学管理需求的变化，不断提高技术水平，创新和改进管理方式，提高教育教学服务能力。

4. 加强制度管理

高职院校要制定信息化教学管理规划，要从提高管理人员的素质、规范信息化管理的制度以及完善信息化管理系统等方面实施。一是提高教学管理人员的信息化意识，增强其操作能力与管理能力。教学管理人员的信息化意识是推动教学管理信息化建设的主要因素之一，因此，高职院校要努力转变教学管理人员的信息管理思想，要结合自身的工作流程重视对信息技术的使用，提高信息管理水平。高职院校要经常开展信息化建设的宣传与教育活动，形成教学管理信息化建设的校园氛围，得到师生的广泛支持。二是提高教师的应用水平和能力。在教学管理信息化建设过程中，教师的计算机应用水平也比较重要，高职院校要组织教学管理人员进行相关信息技术的培训，提高他们的计算机操作能力与网络信息的应用水平。要不断完善教学管理系统对数据信息获取、分析和处理的能力，以确保教学管理信息化建设的顺利开展。要整合各部门管理信息化系统，各部门之间开展有效合作，使其具有较强的兼容性，实现数据统一化、完整化，达到完善教学管理信息化系统的目的。三是加强教学管理信息化制度建设。要根据高职院校教学管理信息化建设与应用进展情况，不断制定与完善教学管理信息化制度，为教学管理信息化建设提供制度保障。高职院校建立学校的信息化平台，要通过管理制度来规范师生的操作行为，保障信息使用的安全性与高效性。完善的信息化管理制度能够有针对性地解决高职院校信息化建设中存在的问题，不断探索教学管理信息化工作的特点和规律，确保信息化教学管理的实施。

二、大力开展信息化教学建设思路

（一）重视对学生知识结构的重建

高职院校通过信息化教学建设，实现了以下四个转变：社交背景下知识的构建对传统关注知识传输的替代，被动灌输与主动接收的转型，师生之间行为主体的平等交流，主动构建知识学习方式的创新实践。通过对学生实践能力的培养，对学生的一级结构的知识起到补充作用，强化了学生所学到的知识。在此基础上，信息化教学建设还需要注重知识的三级结构。一是想象的作用，它对知识的创新具有极大的促进作用；二是"嫁接"，课程的传授过程其实是知识的"嫁接"过程，即将前人总结出来的知识和结论转移到后人的知识结构中去的过程，这一过程充分肯定了教师的指导价值；三是"自嫁接"，单纯依靠别人"嫁接"给自己的知识是不够的，自己要学会"自嫁接"，这一特点在网络时代表现得尤为突出。在网络时代，知识的嫁接方式和途径都发生了很大的改变，嫁接的内容更加丰富了，不仅包括前人的知识，还包括由信息技术二次加工过的知识；嫁接的方式不再是一次性的过程，而是渐进性的过程，并且十分零碎。因此，这就需要采用一定的技术手段进行改进。

（二）以学生为中心

高职院校信息化教学模式是以学生为中心的教学模式。教师为学生所创造的学习环境，是引导学生充分发挥主动性和积极性的重要平台。在此环境中，学生通过对情境、协作、交流的综合把握，自主解决在实际操作中存在的问题，教师在教学过程中的职能转换，推动学生成为自主接受知识输入的学习主体，而其自身则成为利用外部环境刺激引导学生进行知识输入与输出的客体。

信息化教学方法的引入，不仅实现了"双主体"课堂教学，而且使信息化教学方法在高职院校的应用研究成为国内教育领域非常关注的热点。高职院校学生普遍存在自由散漫、学习能力差、学习主动性不高、自信心不足、没有良好的学习习惯和学习素养等综合素质相对偏低的问题。信息化教学方法的实施和运用，可以扬长避短，提高学生的学习兴趣，拓展学生的知识领域。将短小精悍、情景化、集中化、便携式的信息化教学方法与高职院校的传统教学方法有效结合，是教育信息化发展的趋势，也是实现职业教育目标的有效的教学辅助手段。

（三）更新教育理念

在国家大力提倡培养创新型人才的大背景下，以电子教材、多媒体以及网络互动课堂为主要内容的信息化教学站在了教育改革的最前线。信息化教学不仅从手段上对教育教学进行了革命性的颠覆，使得教学课堂的互动性更强，可获取性也更强；同时，信息化教学还从教学内容上对传统的教育思想、教育观念以及教学模式进行了扬弃，真正从"文"和"质"两方面提高了职业教育的教学效益和质量。

高等职业教育作为我国高等教育的重要组成部分，为我国经济建设和发展源源不断地输送了各类技术、技能人才，高职院校的教育和教学承担着我国人才培养和教育的重大任务。正因为如此，迫切需要现代化的教学方式和教学资源为其提供有力的保障。

笔者认为，对信息化教学方法在高职院校课堂中的应用研究对提高高职院校的教育教学水平具有重要的意义。通过现代化的信息手段，对传统的教学方法进行扬弃，更好地整合教育教学资源，调动起高职院校学生的学习积极性和主动性，提高高职院校教师的信息化教学水平，真正实现学生知识和能力的双提高。目前各省市高职院校的信息化教学建设的热情很高，但发展并不均衡，高职院校信息化教学还有很长的路要走。

高职院校在信息化教学建设中，将信息技术应用于学生的实习实训、模拟竞赛、案例分析等内容，培养学生的专业素质和信息素养，对提高学生的实践能力具有重要的意义。在当今的信息社会中，学生信息素养不仅是现代教育技术应用的基础，更是实施素质教育和创新教育教学改革的关键。信息化教学方法不仅是计算机和网络课程中的应用，也不单纯是教师、学校、学生的工作和任务，而应是全社会、全方位的一套系统工程，因此，要重视对学生的信息素养和能力的培养，保证知识与技能的传播能适应信息社会的发展需要。

第三章

互联网+与高职教育

第一节　互联网+视角下高职教育的转型

一、高职教学内容能够体现开放性

伴随着互联网技术的高速发展，高职院校能够从网络中获得很多的信息，从而为教学活动提供丰富的教学资源。首先，学生通过在网络平台上学习，能够从网络上获得更多的知识和信息。其次，在网络上，学生一般是进行自主学习，能够根据自己的兴趣和需求，选择要学习的主题和内容。当前，很多高职院校都通过网络平台进行线上教学活动，能够实现一对一的同步教学。以泛雅教学服务平台为例，平台内部有很多的教学资源，学生可以在平台找到自己想要的内容，并按时完成布置的作业；可以与其他在线学习的学生一起进行讨论和交流，从而获得更多的知识；还可以向教师提出问题，请教师帮助解答。学生的学习不受时间和空间的限制，能够按照自己的兴趣、时间点学习，能够自由地与其他学生一起交流，从而提高了学生自主学习的积极性。

同时，在互联网背景下，高职教育教学资源能够实现共享，这种共享不仅局限于课程资源的共享，同时也有研究成果的共享。随着网络技术的不断发展，高职教育的教学模式也面临着一定的挑战，课程的知识结构更多地体现出实时性。这种实时性主要体现在两个方面：从教师的角度来看，教师能够通过网络平台及时收集信息，并与其他的学者或教师进行讨论，从而获得更多优质的资源，有助于提高其教学和科研能力；从学生的角度来看，当学生对某一方面的知识特别感兴趣时，学生可以从教师那里获得相关的信息，同时也可以在网络平台上收集相关的信息，满足自己更深层次的学习需求。

二、高职教学模式呈现多样性

互联网技术的发展，对高职教育的教学模式产生了一定的影响，使其教学模式呈现出多样化的特点。借助于互联网平台和信息技术，近年来涌现出慕课、微课、翻转课堂等新的教学模式。在现阶段，微课的教学模式不断普及。微课作为一种微型的视频教学，能够让学生自主地进行学习，并能在一个比较自由的环境下自主地表达，而教师也可以及时掌握学生的学习情况，从而更好地实施个性化的教学方法，满足每一个学生的学习需求。这种微课教学法，真正让学生成为自己学习的主人。

互联网催生了"网络三课"——慕课、微课、翻转课堂，更多、更新颖的教育资源、教育平台和教育模式也会相继出现。如果把教育领域比作一个巨大的秀场，那么借力于互联网+，还有望形成更值得期待的"校—网络秀场"。因此，要使互联网+真正成为教育发展与创新的新引擎，必须发挥"校秀场"和"网络秀场"的各自优势，并在融合共赢上多下功夫。因此，课堂教学的开放与坚守，都应服务于教育的根本目标——促进人的发展与成长。

三、高职教育向大众化、终身化延伸

科学技术的进步，社会经济的发展，对人们的综合能力提出了更高的要求，人们只有不断地学习，不断地充实自己，才能满足社会日益发展的需要，因此，人们需要树立终身学习的意识。大多数人从学校出来以后，由于工作比较繁忙，学习时间不断减少，越来越不能适应社会发展的需要，因此，必须要用在职学习、终身学习等理念来激励自己，不断提高适应社会的能力。现阶段，网络教育的发展程度比较高，拥有跨越时间和空间的优势，能够满足人们多方面学习的需求。网络平台中拥有丰富的教学资源，教学方式也更加具有趣味性，能够激发人们学习的热情和信心。高职教育越来越向大众化、终身化延伸，人们可以通过各种教育形式，如普通教育、基础教育、学历教育等与终身教育的理念结合起来，促进全民教育，满足他们的教育需求。

第二节　互联网+教育与传统教育的对比

一、传统教育陷入困境

（一）传统教育模式具有片面性

传统的高职教学主要是以教师为中心，学生处于一个被动的位置。在传统的教学课堂上，一般是教师在课堂上讲课，学生在下面听课，并做好相关的笔记，学生是被动地接受知识。在传统教学模式下，学生的思维能力不能很好地被激发，学生的主动性也受到了一定的限制。大多数学生听课只是为了完成任务，对知识的理解比较片面，也缺少对学习的兴趣。在传统的教学课堂上，一个教师往往带领三四十个学生，教师有着繁重的教学任务，根本不可能去听取每一个学生的需求和建议。因此，传统教育最

大的缺点就在于不能发挥学生的主观能动性、积极性以及创造性，不能更好地扩展学生的学习思维。每个学生的基础不同，学习的需求也各不相同，教师授课往往是从整体的需求角度出发，忽视了学生个别化的需求。

（二）传统教育缺乏对学生兴趣的培养

在传统的高职教学模式中，学生的地位是被动的，被动地学习，被动地接受知识，几乎没有机会表达自己的主观想法，因此，不利于培养学生的学习兴趣。据相关资料，美国的教学模式非常重视学生在课堂中主观能动性的发挥，非常关注学生在课堂中的参与度，以及教师和学生互动交流的程度，对学生成绩的关注反而是次要的。很多学校和教师都非常鼓励学生在暑假期间或者在课后参加一些社会实践活动，并且将其作为考核评价学生的一个重要指标。美国的这种教学模式，有利于调动学生的学习积极性，有利于提高学生的社会实践能力。我国应该借鉴美国的这种教学模式，不应该把学习成绩作为评价学生的唯一指标，而应该让学生去参加一些社会实践活动，同时，还要关注学生的课堂表现，提高学生的课堂参与度，从而调动学生的学习积极性。

（三）传统教育与社会对接匮乏

社会实践就是为了让学生更好地将知识运用到具体实践当中，而传统教育缺乏与社会的对接，对企业了解程度不够，缺乏与企业进行主动合作的意识。许多高职院校只是简单地向学生传输理论知识，却没有给学生提供更多的实践机会。很多学生在毕业之后感觉自己什么东西都没有学到，什么也不会，其主要原因就是教学模式与社会严重脱节。

（四）互联网教育全面冲击高职教育

现阶段，传统教育面临着很多的压力，受到全面冲击。首先，新型的教育模式随着互联网技术的发展而产生，教育改革的步伐加快；其次，一些互联网教育也可以拿到传统教育的毕业证书，这给传统教育带来了很大的冲击。很多学校都面临着一个抉择，是全面接受互联网教育，还是跟以前一样不做改变，逐渐走向衰落？随着社会经济的发展和科学技术的进步，高职教育还会面临更多的挑战。因此，高职教育应该正视互联网给教育行业带来的积极作用，并运用互联网对教学模式进行改革，只有这样才能顺应时代的进步，让高职教育获得更好的发展。

二、对互联网+教育模式的探讨

互联网+教育究竟是什么？现在很多人对互联网+教育的理解有一定的误差，认为互联网+教育就等同于在线教育，这个说法是不准确的，而且过于片面，这是缩小了互联网+教育的内涵。事实上，我们所说的互联网+教育的涵盖范围是非常广泛的，从一定意义上来说，互联网+教育不是对传统教育的完全摒弃，而是在尊重和理解教育内涵的基础之上，运用互联网技术和互联网思维对教育的各个方面进行重塑和改革，改革传统教育中不适应现阶段发展的部分。

从当前的情况来看，互联网+教育主要包括以下几个方面的内容。

（一）互联网+教育管理

教育管理是指管理者通过组织协调教育队伍，充分发挥教育人力、财力、物力等因素的作用，利用教育内部各种有利条件，高效率地实现教育管理目标的活动过程。

教育管理信息化是指人们充分发挥信息技术的作用，开发和利用信息管理资源来促进信息分享和交流，并以此进一步提高信息管理水平，促进教育改革和发展。互联网+教育管理是指教育管理系统的信息化建设，随着社会经济的发展，教育管理和互联网的融合程度将不断加深，进而促使教育管理信息化发展到更高的水平。

当前的教育管理信息化主要表现在，在网上发布信息，将学生的档案进行电子化归类，无纸化办公，这些都方便了教学管理工作，其本质上的东西并没有改变，只是形式变得更加简单。实行互联网+教育管理后，管理体系的重构将是不可避免的。这种重构包括管理机构的调整、管理层级的变化、管理制度的更新、管理流程的再造与优化等。用一句话概括，就是从底层技术平台依托（硬件层面）到人事制度（软的层面）都必须用互联网时代的行为模式来重塑，这才是互联网+教育管理的改革方向。

(二) 互联网+教师

互联网+教师是指在互联网技术不断发展的背景下教师如何适应互联网+教育的发展要求。主要表现为以下三个方面：首先，教师要获得新发展，必须加入互联网的元素，要具备一定的互联网思维，要提高自己运用信息技术的能力，以及从网络平台收集信息的能力，同时加强自己运用网络信息进行课件设计的能力。其次，教师要改变教学模式，从线下教学模式向在线教学模式发展，从单一的教学模式向多种模式发展。最后，要促使"教学众筹"等新型教育模式的出现。互联网上有许多具有丰富经验、拥有教学专长的教师，通过与他们一起交流经验，互相学习，分工协作，完成一些比较大型的教学课题等。这种模式也许是以后教育发展新常态下的一种常见模式。教师可以通过互联网共享自己的教学资源和经验，同时也可以从互联网上获得有益的帮助和指导，从而促使自己不断提高教学能力。

(三) 互联网+课程

互联网与课程相结合，使课程的教学模式变得更加多样，同时也使课程内容变得更加丰富。随着互联网技术进入课程开发，互联网课程将具备智能性、可视性以及交互性，课程内容将更加丰富、全面和科学，更加符合学生的需求。互联网课程以学生为中心，更具人性化。传统课程只是简单地对枯燥的知识点进行讲述，互联网课程则既有知识点，有视频，也有精美的图片，课程内容更加立体、清晰，能让学生对知识了解得更加全面，也更加细致。

(四) 互联网+教学

随着互联网技术的发展，教学已经不再受到时间和空间的限制，教学形式以及组织形态都在不断地发生改变。教学不再需要真正的教室，不再需要传统意义上的课堂，也不再需要老师随时随地都在学生的身边。教学可以完全在网络上进行，可以让学生充分利用互联网资源进行探究性的学习，可以满足学生的个性化学习需求。

（五）互联网+学习

通过互联网，学生可以进行移动学习。移动学习主要是指学生可以将要学习的内容储存在电子设备中，随时随地都能进行学习。互联网+学习具有以下特点：首先，互联网是一种核心的信息技术，能够支撑学生进行学习；其次，互联网上的许多学习资源，成为学生进行学习活动的重要基础；再次，互联网具有许多反馈工具，能够监控学生的学习过程，并且评估学生的学习效果；最后，网络大数据的分析以及沉淀，能让学生优化自己的学习过程。学生在线学习是一种主动性的学习，而且也是学生以自己喜欢的方式进行学习，带着强烈的主观意愿，因此，学习的效果也会更好。

三、正确利用互联网+教育的教学模式

（一）互联网+教育架桥梁

互联网+教育在学生、学校和企业之间架起一座信息化的桥梁。从学校的角度来看，学校可以通过互联网来了解企业的需求，通过比较和分析不同企业的发展需求，来对教学课程设置进行调整，不断培养学生的社会实践能力，增强学生和企业的互动，提高教学质量。同时，学校也可以收集相关资源，与一些较好的企业进行合作，让高职学生能够更好地满足企业的各种需求。学生通过网络信息，了解更多的企业信息和对人才的要求，从而在日常学习过程中，不断完善自己的知识结构，提高自己的社会实践能力。同时，企业通过这个桥梁，让高职教育更有针对性，培养的学生更能符合企业的需求。

（二）互联网+作业促进步

互联网+作业主要是指互联网具有整合各种资源的作用，能够整合企业的资源，从而能够成为企业发布任务的平台。学生通过完成企业布置的任务，巩固自己的理论知识，对企业的用人需求有一个简单的了解。同时，学生也能通过完成作业对自身能力进行检测，了解自己的不足之处，在以后的学习过程中不断地提高和完善自己，以适应企业的发展需求。

（三）互联网+学校融资源

现阶段，大多数高职院校充分发挥互联网的优势，以此来整合各种教育资源，使学生的学习突破时间和空间上的限制，让学生有机会通过互联网来选择自己感兴趣的课程，并将网络上一些很好的资源共享给学生，让学生也能学习到名师名校的课程。同时，一些高职院校加大网络课程的教学，让那些通过互联网进行学习的学生也有机会拿到学位证书，能得到社会的认可。

（四）互联网+教师保质量

互联网能通过精美的图片以及优质的视频资源来促进学生学习，其对知识点的表达更加灵活，更具趣味性。教师可以在互联网平台进行授课，并引导学生进行学习。学生可以自由选择自己喜欢的老师，选择优秀的课程内容进行学习，并在课程结束之后对该老师进行评价。通过在线学习，学生能够获得相应的学分，从而完成自己的学业。通过互联网，学生和老师能够随时进行互动和交流，更加有效地配置资源，从而保证了教学质量。

四、互联网+教育的优势

（一）突破教学时空的限制

传统的学校教育主要是在校园内通过教师课堂讲授的方式进行的，受教育对象多是年龄相当、知识水平相当的学生，其目标就是让学生能够掌握更多的知识，提高学生的综合素质，促进学生的全面发展。互联网教育就没有这么多的限制，不仅没有教学时空的限制，而且更能面向大众、社会，能满足不同年龄、不同层次人员的学习需求，使学习更方便、更个性化。

（二）以学习者为中心与自主学习

在传统的教育教学活动中，教师的作用非常重要，教师是课堂教学活动的中心。但是，这种教学方式不能照顾每一个学生的想法，学生在听课过程中是被动的，其自主学习的意识不强。由于教学只是局限在课堂上，优秀教师资源比较缺乏，很多教学资源无法做到共享。在互联网教育中，学生能够自主安排学习，自主决定学习的地点、科目和时间，学生成为自己学习的主体，也是自己学习的中心，能够按照自己的学习需求来制订学习计划。同时，教育资源也能够得到充分的共享和利用，能够满足学习者受教育的需求。

（三）教学形式生动形象，教学内容丰富多彩

正是因为采用了计算机多媒体技术，才使得网络课程中教学形式更加生动形象，教学内容更加丰富多彩。在这种教学模式下，枯燥的理论变成了精美的图片，高深的观点变成了生动的漫画，从而提高了学生的学习兴趣，加深了对知识的理解和把握。

（四）丰富的教学交互手段

互联网+教育具有教学交互的手段和功能，能够突破时间和空间的限制，为学生、教师之间建立一个全面的教学互动和交流学习的网络学习平台。学生可以通过平台获得更多的教学资源，从教师那里获得一定的教学指导。这种交互的方式具有多变性，可以自由转换，促进学生、教师之间的互动交流。

（五）多媒体学习资源共享

互联网技术的发展，促进了教育事业的发展，让教育从封闭走向开放，让每个人都有机会进行再次学习，人们也有了更多的获得知识的可能。在科技不断发展的大环境之下，一个全球性的知识库，大量的优质资源将得到丰富和充实。通过互联网，人们很容易获得这些优质资源，这为人们进行终身学习奠定了基础。

（六）数据自动化教学管理系统

计算机的强大的信息处理和交换的功能被运用于远程教育当中，能够为远程学生提供更为全面的服务，从而实现远程教学。在互联网+时代，那种一个教师、一个教室的传统教学模式正在逐渐退出历史舞台，而微课、慕课、手机课堂和翻转课堂借助互联网技术对传统教育模式进行改革，进一步促进学生的全面发展。

第三节　互联网+背景下高职教育应以质量为核心

一、从规模到内涵

改革开放以来，我国职业教育得到快速发展，为社会经济发展提供了有力的人才和智力支撑，为社会培养了大批技术技能型人才。但与发达国家相比，与建设现代化经济体系、建设教育强国的要求相比，还存在着一系列问题。例如，现阶段的职业教育面临着招生难的问题。主要原因在于：一些偏远地区的人们对于教育的重视程度不够，一些孩子在接受了义务教育之后而选择了就业；全日制学校发展迅速，招生规模不断扩大，成绩较好的学生都会选择去全日制学校，也给高职教育带来了一定的压力。在招生难的同时，还存在着就业难的问题。由于高职院校的培养方式上存在一些问题，或由于学校自身条件的限制，没有跟上时代的发展，没有更多地了解企业的发展需求和用人要求，人才培养滞后于市场需求。

高职院校在培养人才方面存在着各种各样的问题，主要表现为：高职院校对于学生的培养方式以及培养定位不清晰，教学理念比较落后，学生的实践能力较弱，高职院校的可持续发展能力不足，课程设置以及教学模式缺乏必要的改革创新。这些问题不解决，高职教育则无法更好地适应时代的发展和社会的需求。

因此，高职教育的发展必须适应我国社会经济的发展需求，处理好发展规模与人才质量的关系。同时，高职院校要注重发挥自己的办学优势，不断提高人才培养质量。

二、从碎片化到系统设计

高职院校不能够脱离市场需求，而要跟上市场的发展步伐，根据市场需求设置一些专业，尤其是可以根据所在区域的比较发达的产业来设置专业，对于一些热门的、实用性较强的专业增加招生名额，取消或淘汰一些比较落后的专业。同时，要特别注意强化企业与学校之间的合作，促进专业教育与生产实践以及技术发展相结合。

一些高职院校缺乏顶层设计，专业设置重复，缺乏统筹规范。近几年，高职院校中比较热门的专业包括计算机专业、护理专业、文秘专业等，这些专业的招生人数较多。主要原因是社会对这类人才的需求量比较大，一些高职院校在考虑了办学成本、投资程度以及教师资源等之后，认为设置这些专业能够降低成本，方便学生就业。

互联网能够增加学生学习的渠道，加大学习的深度和广度，降低了学习的门槛，给学生的学习带来了很多的便利。学生不受时间、地点的限制，可以根据自己的兴趣进行自主学习。但是通过互联网学习，学生的学习时间、内容都具有碎片化的特点。也就是说，学生在家里或者在坐车的时候进行学习，这样虽然也是在进行学习，但不是在一个相对稳定、安静的环境下进行学习，所学知识比较零碎，知识的关联性难以建立，零散的知识点难以形成完整的知识体系，因此并不能保证学习的深度。

一般来说，高职院校的学生基础较弱，他们去职业院校大多是为了学习一门专业技术，在未来可以找到对口的就业岗位。基于这个原因，很多高职院校过分地追求就业率，而忽视了对学生思想品德的培养。高职院校应该把德育教育放在第一位，用社会主义核心价值观来教育、培养学生，让学生树立正确的世界观、人生观、价值观，具备较高的责任意识、职业道德和敬业精神。

全面提高人才培养质量，要促进学生的全面发展，要根据社会发展需要构建学生合理的知识结构，参照社会对职业院校毕业生素质能力的要求，对学生知识、素质和能力培养进行"查漏补缺"，帮助学生提高综合能力和职业素质。

三、实现职业教育现代化

要实现高职教育的高质量发展，必须以培养高质量人才为核心，构建职业教育的现代化教育体系，重点做好以下几点。

（一）完善制度标准

互联网+这个"+"的符号就是意味着在传统的行业之中加入互联网的元素，促进传统行业不断转化升级，创造出一种适应时代发展的新的产业模式。高职教育要在新时代实现更高的发展，首先就需要制定能符合互联网+的各个方面要求的制度标准，这些制度包括校园文化制度标准、教师教育技能标准、教育教学资源开发标准等方面。只有不断地将互联网+发展的新要求与教育教学充分地结合在一起，才能培养出高质量的人才。

（二）开发优质的教学资源

在互联网+背景下，课堂、实训教室以及工作岗位三者是互通的，都需要互联网的支持，信息技术能够在教学的过程中得到充分的运用，同时也可以在各种实践技能的教学以及软硬件的支持上面实现资源的共享。互联网+能够更好地推进资源的共享以及开发，实现行业、企业、学校之间各种资源的合理配置。

（三）系统培养人才

现代科学技术的发展，对各行各业的人才培养提出更高要求。高职教育的核心理念就是育人为本，一切要以学生的发展为本，从而更好地满足学生的发展需求以及企业的用人需求，为社会培养技术技能型人才，尤其要培养符合互联网+的专业技能型人才。这不仅要求学生具备较高的职业素质，同时也要求其具备一定的专业技能，因此，高职教育要制定人才培养规划，做到有系统地培养人才。

（四）创新培养模式

互联网技术的发展，对传统教学提出了一定的挑战。高职教育应该不断发展和创新人才培养模式，将信息技术的发展与教育教学的各个方面紧密地结合在一起，不断提高学生的职业能力和职业素养。

（五）加强教师队伍建设

在互联网+背景下，要加强对双师型教师队伍的建设，使教师不仅具有丰富的理论知识，还具有较强的实践经验；不仅能言传身教、以身垂范，还具有深厚的文化素养和信息素养，成为学生的良师益友。信息技术的发展也意味着教学的形式发生了改变，教师在具备一定的理论知识和道德素质的前提之下，还需要具备一定的文化素养和信息素养，能熟练使用一些办公软件，并熟练制作 PPT，运用互联网收集信息的能力也需要不断加强。通过教师队伍建设，可以促使教师不断改革自己的教学方式，在各个方面起到榜样带头的作用，引导学生学习更多的知识。

（六）提高管理水平

高职院校要将提升信息化管理水平作为重要工作来抓，要从校企合作、实习实训、集团办学以及工学结合和学生资助等方面不断完善其管理信息系统，促进管理走向规范化、精细化和科学化，进一步提高其管理水平和决策水平。

第四节　互联网+背景下高职教育的转型思考

一、战略布局：类型而非层次

在一些西方发达国家，职业教育并不是一种较低端的教育层次，而是一种比较实用的教育类型，这种教育类型是以培养实践型的人才为主的。近年来，我国高职教育获得长足发展，为社会培养了各种技术技能型人才。2019 年《国家职业教育改革方案》颁布，强调职业教育与普通教育是两种不同教育类型，具有同等重要地位。职业教育是一种教育类型，随着我国进入新的发展阶段，产业升级和经济结构调整不断加快，各行各业对技术技能型人才的需求越来越紧急，职业教育的地位和作用越来越凸显。

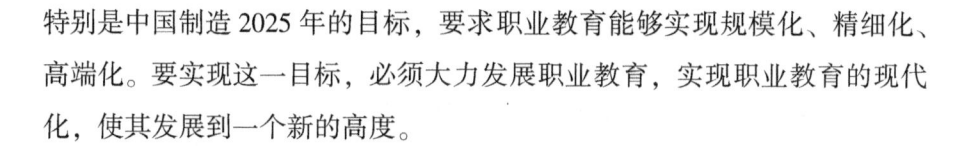

特别是中国制造 2025 年的目标，要求职业教育能够实现规模化、精细化、高端化。要实现这一目标，必须大力发展职业教育，实现职业教育的现代化，使其发展到一个新的高度。

二、教育思维：平等而非霸权

互联网+既是一种技术上的变革，同时也是思维上的变革。互联网技术的发展改变了人们的思维方式，颠覆了传统思维模式，推崇简约思维、用户思维、流量思维、大数据思维以及平台思维和社会化的思维等。用户思维作为互联网思维的核心部分，对高职教育的发展提出了新的要求和挑战。因为在这种思维之下的所有的教育对象不再像以前一样是被动的知识的接受者，而是知识的主动学习者，同时也对信息的分享以及传播起着重要的作用。在互联网+时代下，高职教育发展必须要坚持以学生为中心，对教育教学方法进行改革。传统教育教学中的以教师为主体的思维已经发生转变，未来的知识观念也不再是像以前那样具有累积性、价值化以及中立化，而是在新的时代背景下被赋予了新的特点，主要表现为综合化、境域化、批判性以及价值观等特点。同时，这些特征也给职业教育的转型发展带来了机遇和挑战，首先，与综合化相对应的内外融合，在改革教育教学方式的时候，可以借鉴其他国家的优秀成果。比如借鉴德国的双元制的教育方式，整合校内外的资源，大力发展校企结合模式，不断发挥企业对教学创新和改革中的作用，转变教育教学发展模式，不断创新发展企业管理模式。其次，与境域化相对应的境域设计，主要是指教育教学中的理论教学部分，是将教学中的一些技能化知识逐渐转化为岗位化知识。再次，与批判性相对应的开放快乐的教学氛围，在课堂教学的过程中，教学氛围的作用是非常重要的，其直接关系到学生的学习积极性和课堂参与度，在对教学方式进行改革的时候，也要从传统的灌输式教育方式中走出来，发展探讨式的教育形式，并进一步发展为团队整体塑造的教育形式，从而为学生营造一种开放的快乐的学习氛围。最后，与价值观相对应的社交分享，主要是指课堂教学中注意培养学生的分享意识，促进教师与学生之间的平等交流以及学生与学生之间的交流和互动。

三、教育对象：互联网一代"97后"

在互联网+时代下，会利用互联网来进行学习的学生就是互联网教育发展的用户，会使用网络的人都能够在网络上查询到自己想要的知识，教育并不需要固守传统的以教师为主体的模式。如果一直遵循传统的教学模式，不寻求发展和改变，那么就不会拥有一个良好氛围的教学课堂，学生的学习积极性也会比较低，课堂将失去其原有的吸引力。以学生为中心并不是一种迎合学生需求的教育模式，而是从学生的心理需要出发，以学生为中心改革和创新真正与教育对象相一致的教育模式以及教学方式。

现阶段高职教育学生主要是以"97后"为主。他们比较喜欢碎片化的学习方式，而不是在传统的教学环境中学习，他们对知识的简约化比较期待；他们希望教师能更具多元化一些，在人格、魅力、情感诉求以及形象等都具有一定的要求。因此，高职教育要研究学生的特点和需求，使教育更有针对性；高职院校的教师既要不断研究"97后"群体的需求，也要加强自己的互联网思维，运用丰富多彩的形式来引导学生进行学习，让学生能够快乐地获得知识。

四、教育目标：精英而非平庸

长期以来，社会上普遍存在这样一种观点，认为普通高等教育是精英式的教育，是高人一等的，这种观点得到社会以及家长的普遍认可；而高职教育则是低人一等的，是普通的教育，是因为考生的成绩不好而不得不选择的。随着社会经济的发展，高职教育重要作用的凸显，人们的态度也开始发生改变，越来越多的学生和家长认为，在高职院校选择一门技术性比较强的专业也是一种好的发展方向。现阶段，我国更加重视职业教育的发展，把职业教育放在国家战略的高度，高职教育必将获得更大的发展。

第四章

互联网+新型教学模式的探索

第一节 互联网+新型教学模式的特征和意义

一、互联网+新型教学模式

互联网+教学主要是以超媒体技术为基础，以超媒体环境为支持的一种新型的教学模式。超媒体是超级媒体的缩写，是一种采用非线性网状结构对块状多媒体信息（包括文本、图像、视频等）进行组织和管理的技术，是一种交互式多媒体，它开创了整合资源的新模式。从学习环境上来看，互联网+新型教学模式是以超媒体信息环境为教学基础的超媒体教学方式。这种教学模式的出现，对高职课堂教学模式的探索与发展具有重要意义。在互联网+新型教学模式环境中，信息是通过教学内容呈现出来的。信息内容的获取与教学互动都是以超媒体环境为基础，学生通过运用多媒体平台可以实现教学内容的非线性获取，同时通过多媒体互动平台实现与教师沟通交流。在互联网+新型教学模式下，互联网教学系统中包含着丰富的教学信息，这种教学信息的组合属于非传统的线性文本。互联网+教学环境具有丰富的信息节点，这些信息节点之间的多页面链接则构成信息的非线性组合，并通过不同的分类实现这些学习信息的多维度导航。通过超媒体交互可以实现一系列的学习活动，例如，学生可以通过互联网进行自主学习，继而利用便捷的交互平台实现交互活动；教师可以通过交互活动掌握学生的学习动态，并及时更新信息。互联网+教学环境的多种传递形式可以实现信息整合，而丰富的信息节点链接可以让学生进行实时访问，其储存不受时空限制，充分满足了随时随地学习的环境与技术支持。互联网+新型教学模式被称为极具发展前景的教学模式，互联网教学系统为教师、学生以及学者提供了新的教学和研究方向，通过在高职教学中融入互联网+新型教学模式，有利于实现高职教学模式的新发展。

（一）互联网+新型教学模式是以教室为基本单位的互联网教学模式

在这种教学模式下，教师作为教学活动的主要引导者，通过利用多媒体技术将教学内容制作成教学课件。然后，借助教室的多媒体网络进行授课，实现即时调度。在这种教学环境中，学生能根据自己的需求查看或保存教学课件中的相关内容或其他教学资料；教师可以通过便捷的网络环境制作并上传测试习题，学生可以进行自主学习或练习；学生提交课堂作业可以通过网络实现，学生只需要在局域网服务器将课堂作业上传至平台，教师通过下载即可收到学生的作业；教师可以实时为学生进行答疑解惑，可以及时快速地获取资源信息，为师生交流提供了便利的环境基础以及技术支持。

（二）互联网+新型教学模式是以互联网教学视频为传播载体的教学模式

在这种教学模式下，教师通过前期的设计与整理制作好教学视频，并通过互联网服务器将教学视频上传分享给学生。这些教学视频包括基础教学内容以及延伸辅助资料，以充分满足学生的学习需求。同时，教学视频通过丰富的影像画面将教师的教学与教材内容紧密结合，充分符合学生联想记忆学习的特点；按照内容属性进行组合的视频，将大量的教学内容与

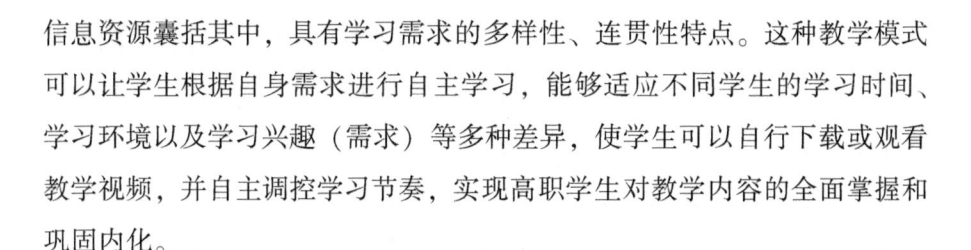

信息资源囊括其中，具有学习需求的多样性、连贯性特点。这种教学模式可以让学生根据自身需求进行自主学习，能够适应不同学生的学习时间、学习环境以及学习兴趣（需求）等多种差异，使学生可以自行下载或观看教学视频，并自主调控学习节奏，实现高职学生对教学内容的全面掌握和巩固内化。

（三）互联网+新型教学模式是以互联网为基础环境的教学模式

教师利用Internet网络链接技术下载教学资源，将制作的教学课件或教学视频上传至Web服务器；学生则可以进入网络平台进行认证登记，访问相关教学站点，观看或下载网络平台的教学资源。这种建立在互联网基础上的教学模式，打破了传统教学的时空限制，教师和学生可以实现实时互动、学习；同时，学生的学习资源也更加丰富多样。除了教师制作的教学课件、教学视频以及教学资源等，还可以通过站内链接直接访问相关站点，如其他院校的学习互动平台，学习优秀的教学案例，请教其他学校的教师。因此，互联网+新型教学模式可以提高教师的教学效率和水平，有效缓解部分高职校园教学内容相对滞后、教师资源相对缺乏的状况。

（四）互联网+新型教学模式是以教师个人网站为传播基础的教学模式

教师根据教学目标、教学内容、学生的学习水平及学习需求设计教学方案，根据教学方案进行教学设计、教学课件、教学资源的制作。教师通过个人网站将教学资料上传并分享给学生，学生则进入这个网站了解和阅读教学内容，实现教学资源（视频）的观看与下载。同时，学生可以通过多种网络互动形式向教师请教疑难问题，教师则可以通过网站互动平台收集学生的学习反馈、意见等，及时掌握学生的学习动态，帮助学生解答疑惑，并根据学生的学习情况进行学生自主学习、课外学习的辅导和调控。

（五）互联网+新型教学模式是以教师博客为传播媒介的教学模式

这种教学模式主要适用于教学交流过程。教师在互联网上注册博客，并将博客网址分享给学生，学生则可以进入教师博客实现互动交流。教师可以通过发表个人博客文章让学生了解到课堂延伸知识或其他教学内容，学生可以对遇到的问题进行留言，与教师或同学共同探讨。这种互动相对于教学平台的即时互动，可以给学生更多的思考空间，还便于教师收集整理学生的学习反馈信息。此外，由于博客媒介的教学环境较为轻松，学生能表达除学习外的多种疑惑，能帮助教师全面了解学生，拉近师生之间的距离，有利于教师教学活动的开展。同时，教师还可以观察了解高职学生的道德素质、学习能力、社会责任等，以更好地培养、提高学生的综合素质。

二、互联网+新型教学模式的特征

互联网+新型教学模式充分发挥了互联网和超媒体在教学中的作用，结合文字、图形、声音、动画、视频等多种形式展现教学内容，丰富了教学模式，促进教学内容的全面展示，让学生能更好地理解和吸收教学内容，从而更好地实现教学目的。与此同时，互联网+新型教学模式还借助网络的优势加强教学管理，实现了教学资料的远程共享和网络访问，为教学提供了诸多便利，其主要特征有以下几个方面。

（一）教学内容的丰富性

互联网+新型教学模式在教学内容上具有明显的丰富性特征，这体现在教学课件内容的丰富多样上。通过网络平台，学生能够浏览、下载教学课件、练习试题以及课外资料等学习资源。

（二）表现形式的多样性

互联网+新型教学模式在教学内容的表现形式上具有多样性。超媒体技术的应用实现了文本、声音、图像多种媒体的统一，通过多种形式表达教学内容，丰富了信息的表现力。超媒体通过多种表现形式共同作用于学生，教学内容通过声音、图像传达出来，刺激学生的感官，帮助学生通过认知、联想、思考、反馈等活动学习知识，活跃思维，构建知识体系，优化学习能力。

（三）教学资源的共享性

互联网+新型教学模式下教学资源的使用具有共享性。教师可以通过

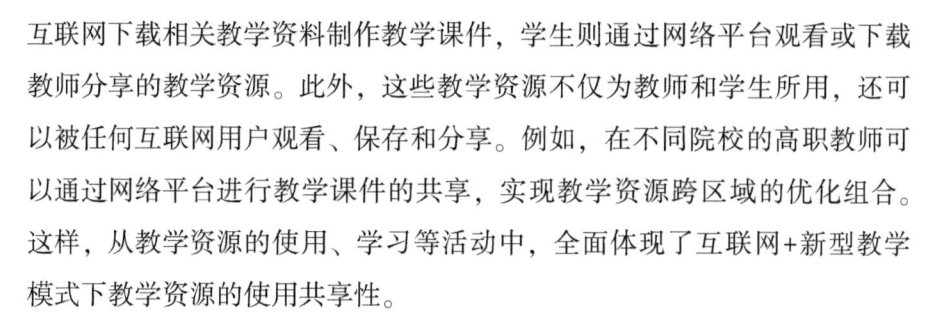

互联网下载相关教学资料制作教学课件，学生则通过网络平台观看或下载教师分享的教学资源。此外，这些教学资源不仅为教师和学生所用，还可以被任何互联网用户观看、保存和分享。例如，在不同院校的高职教师可以通过网络平台进行教学课件的共享，实现教学资源跨区域的优化组合。这样，从教学资源的使用、学习等活动中，全面体现了互联网+新型教学模式下教学资源的使用共享性。

（四）教学信息的综合性

网络能够整合各种超文本和超媒体技术，有多种方式的表现形式，在传递信息时不会受到时间和空间的限制。随着高职教育的发展，网络教学的需求也在不断增多。教师采用互联网+新型教学模式，使教学内容更加生动形象地呈现在学生面前，使学生自主地调动各种感官来配合学习，从而更好地理解和掌握教学内容。同时，网络信息教学是运用多种符号进行的，信息的容量比较大，下载、存储方便，有助于学生的自主学习。

（五）教学过程的交互性

超媒体技术具有远程功能，能够促使学生获得更多的图文教育信息。由于教学过程是互动性的，能够促使学生对学习的知识产生兴趣，从而进行主动学习。在学习的过程中，教学过程的交互性也可以让学生及时看到自己学习上的不足，从而不断调整自己的学习状态，提高学习的效率和质量。同时，超媒体技术为广大师生提供超越时空限制的开放的教学环境以及更多交流的可能性。在这种宽松的环境下，学生不再受到教材、教学进度的制约，而可以根据自己的需求来制订学习计划，在学习的内容、地点以及时间等上掌握主动权。

（六）教学系统的完整性

在互联网+新型教学模式中，整个教学过程包括了教师、学生、超媒体和信息四个要素。这四个因素之间相互作用，从而构成了完整的教学系统。这种新型教学模式促进了教学要素的转变，从教学的角色来看，教师的地位和角色发生了改变。从教师的地位来看，在新型教育模式中，教师不再占据主导地位；从角色上来看，教师从知识的传授者转变为学生学习以及教学过程中的设计者，也是学生学习的指导者以及学生参与课堂活动的组织者。从学生的角度来看，学生从知识被动接受者变为主动参与合作以及知识的建构者。同时，运用于教学的超媒体成为学生获取知识和信息的重要工具和平台。因此，在超媒体技术环境下，教师的教学设计、教学管理、课程实施以及教学评价等都要不断完善和发展，从而构成完整的教学系统。

三、互联网+新型教学模式的实践意义

互联网+新型教学模式是对传统教学模式的突破，具有重要的实践意义，主要表现在以下几个方面。

首先，互联网+新型教学模式具有丰富性的特点，教师能够在网络上进行教案工作，在网上布置预习任务以及作业等，能够在网络上实现传输、存储、运行以及修改等，不断扩展教育教学的内容，更好地运用优质课件资源，进行教学设计，制作教学课件。同时，这些教学资源通过互联网平台可以实现即时快速的传播，学生可以实时观看或下载教学资源。

其次，互联网+新型教学模式具有共享性的特点，能够更进一步扩大教学的空间。这种教学模式的覆盖范围非常广泛，传播速度非常快。在网上对这些资源和教学信息进行设置之后就可以实现资源的分享，不受时间和空间的限制的。互联网+新型教学可以实现即时双向互动，利用便捷的交互方式实现沟通交流，让学生能够利用多种学习形式进行自主学习、协作学习。学生通过互联网与同学、教师以及其他学科的专家进行交流和互动，能够对学习内容有更深刻的理解，拓展自己的思维，扩大自己的学习范围，进一步提高自己的学习效率。

再次，互联网+新型教学模式非常注重发挥学生的主体性，它是以强调学生的主动性为特征的一种教学模式。在这种教学模式下，学生可以充分发展自己的个性，发挥自己的主观能动性进行学习，实现自己的个性化的需求，创造一个良好的学习氛围。学生还能够按照自己的需求来选择学习的时间和内容，并在遇到问题时，能够自主分析和解决，使学生在学习过程中掌握绝对的自主权。

最后，互联网+新型教学模式具有多向性的特点，能够对传统的教学中的一些缺陷进行完善，更加便于教学管理和组织教学。教师可以有更多的时间和精力来进行教学设计，可以根据网上学生的学习情况，来了解更多学生的学习状态以及学习偏好，从而进行更具有针对性的教学。同时，网络教学在一定程度上也促使学生变成了自己学习的设计者、主导者。

第二节 互联网+高职课堂教学的冷静应对

一、互联网+对高职教育的冲击

互联网给高职教育带来的影响是我们不可预估的，更是不可低估的，这种影响随着互联网技术在高职教育中的应用更加显著和突出。然而，如何应对这种影响和冲击，实现高职教育生态系统的进一步发展则更为重要。因此，高职院校要正确认识互联网+对高职教育的重要影响，在面对其带来的机遇和挑战面前，充分发挥互联网+的作用，促进高职教育的快速发展。

互联网+使高职教育由传统的封闭式教育转变为开放式教育，改变了传统教学中教师的主导地位，教师不仅是知识的讲授者，更是知识的传递者和教学的引导者。学生可以自主获取、分析和使用教学资源，实现自主化学习。同时，随着全球资源库的形成，优质的教育资源能够得到极大的丰富和充实，人们随时随地都能够最大限度地获得自己想要的资源。这样一来，人们获得知识的成本降低，会有更多的人愿意投身学习中。

在互联网+的冲击下，教师和学生的关系出现转变。在传统高职教学中，教师的课堂教学是学生获取知识的重要来源，教师的地位具有权威性、主导性特征，教师在教学中拥有绝对的控制权。在互联网+高职教育环境下，学生除了在课堂学习知识外，其知识获取来源更加丰富，也更加便捷、快速。师生之间的教学互动不再局限于教师讲授知识，互动式教学、探讨式学习、协作学习等多种教学方式的运用，让学生可以实现自主学习、独立思考。如此一来，教师更重要的是学生学习的引导者、指导者。

在互联网+的冲击下，教育组织与非教育组织的界限逐渐淡化。高职教育的实践性与社会性需要更多的教学资源，而社会教育机构的灵活性、互联网+教学的便捷性都为高职教学提供了丰富的教学资源，有利于高职教学质量的提升，使高职教育更能适应经济社会发展的变化，不断更新教学内容，扩展教学的深度以及广度，对于促进高职教育与社会经济协同发展具有重要意义。

从本质上来看，互联网+对教育的影响主要表现在对教育资源的重新分配上，互联网能够让人们认识到优质资源教育的重要性和作用。从教师的服务人数就可以看出来，以前，一个优秀的教师只能服务于少数的学生，现在随着互联网技术的发展，一个教师可以服务于上百个甚至更多的学生。同时，互联网也能够跨越时间和空间的限制实现各个地方的合作研究，实现优质资源的广泛使用。

互联网使教育变得更加开放性，人人都可以是教育者，人人也都有可能成为被教育者。但是，互联网也使高职教育面临很多新的挑战，主要包括以下几个方面。

首先，高职教育在开放的教育生态环境中面临着被逐渐弱化的问题。在传统教学模式下，教师是通过与学生面对面的交流将知识传授给学生，同时也将一些良好的品德以及价值观传递给学生，让学生受到潜移默化的影响。在互联网教育中，师生之间以信息的交流为主，学生很容易对以互联网为主体的辅助学习设备形成依赖，忽略教师育人的作用，久而久之，教育的育人功能将被弱化。

其次，互联网环境开放、信息丰富，学生（尤其是低龄学生）缺乏较强的辨别力与抵抗力，如果教育工作者没能及时加以引导，学生很可能会受到网络上鱼龙混杂的信息影响，不利于培养美好的道德品质、树立正确的价值观念，不利于学生智力的提高、能力的增强和长远的发展。

最后，碎片化的学习方式很可能会降低学生学习的专注度和深度。在互联网的作用下，理论知识可以通过分享、转载、购买等方式实现大范围的传播与阅读，这不仅给学生带来了极大便利，也大大降低了学习门槛，学生可以不再受时间、空间的限制，可以根据自己的需要或兴趣来学习知识与技能。同时，借助互联网的力量，学生涉猎知识的范围和层次逐渐扩大，不论是否熟悉该领域的内容，都能够获取到相关资料。学习的内容和时间呈现出碎片化的趋势，使学生很难给零散的知识点建立完整的知识体系，从而降低知识的关联性，无法保证学生学习的深度和系统化。

在上述情况下，高职教育应当帮助学生正确对待互联网中海量的碎片化信息，引导学生将零碎的内容加工成有用的知识体系。这将是高职教育工作者亟待解决的重要问题。

二、互联网+高职教育的冷静应对

面对互联网+时代给教育带来的这些机遇和挑战，高职校园需要冷静应对。

(一) 要坚持"教育为本、互联网为用"

首先，高职教师要明确并谨记一点，无论互联网给课堂教学工作带来了多少便利，它始终只是一种为高职教育服务的技术手段和工具。尽管高职教师能够借此简化教学流程、提高教学质量，但使用该技术的出发点是为了满足高职教育工作的需求，提升高职课堂教学的效果。因此，可以说，有一定的教学需求和效果是高职教师运用互联网开展课堂教学的前提条件和必要依据。也就是说，高职教师在决定是否使用互联网进行课堂教学之前，必须要想清楚互联网技术需要用在哪个教学环节，它能够起到何种作用，是否可以加强和学生之间的交流，促进学生的思考，激发学生的学习兴趣，带来更优于传统教学方式的效果，以便能够有的放矢地展开相关教学工作。试想一下，高职教师应用互联网技术或设备不是以加强课堂教学为第一要务，而只是为了实现减轻备课负担、减少板书麻烦等带有满足个人利益的目的,这样不仅不能够充分发挥互联网的积极作用,还可能会因为滥用互联网技术降低课堂教学效率,妨碍后续教学工作计划的有序进行,从而影响高职教学目标的实现。

其次,高职教师如果为了简化教授、解说知识点的步骤,直接让学生观看网络教学视频或课件,而没有适时引导或加以说明,这或许能够利用互联网技术的一部分教学功用,帮助学生接触、了解到教材范围以外的知识点。但是,这种做法是"换汤不换药"的无用功,因为这样不仅与运用传统教学方式呈现的教学结果并无本质上的差别,也违背了以满足高职教育工作需要为出发点的根本原则。因此,这种做法并不能够完全体现互联网+高职课堂教学的优势,也不值得高职教师学习借鉴。要想有效发挥互联网技术和设备的辅助作用,促进高职课堂教学工作顺利实施,高职教师必须要保持本心,始终秉承教书育人这一核心目标,围绕"教育为本"这一基本理念开展教学工作,遵循"互联网为用"这一指导原则进行课堂教学,从而避免出现本末倒置、事倍功半的情况,从而确保互联网能够发挥促进高职教育变革、提升高职教学质量的积极作用。

最后,高职教师要把握好引入互联网进入课堂教学的度,尽最大努力做到不乱用互联网设备,不滥用互联网技术。现阶段,随着互联网的广泛应用,大部分高职教师已经意识到互联网可以为教育所用,能够给高职教育发展带来不容忽视的影响,因此,他们不断摒弃陈旧观念,更新教学理念,尽可能将课堂教学与互联网融为一体,将教材理论与网络信息完美结合,进一步优化教学的手段和方法,设置更丰富的教学环节,创造更多的师生互动、交流的机会,以便活跃高职课堂的气氛,提高学生学习的热情和积极性,从而提升高职课堂教学的效率和质量。

(二)要发挥宏观调控下的市场主体作用

在互联网+时代,为了推进高职教育变革,优化高职课堂教学的生态环境,必须充分借助"风口"的作用,发挥宏观调控下市场主体的作用。在互联网+时代,高职教育改革的主力军是新兴互联网教育企业,一方面,要确保这些互联网教育企业的自主地位得到尊重,自主作用得到发挥,从

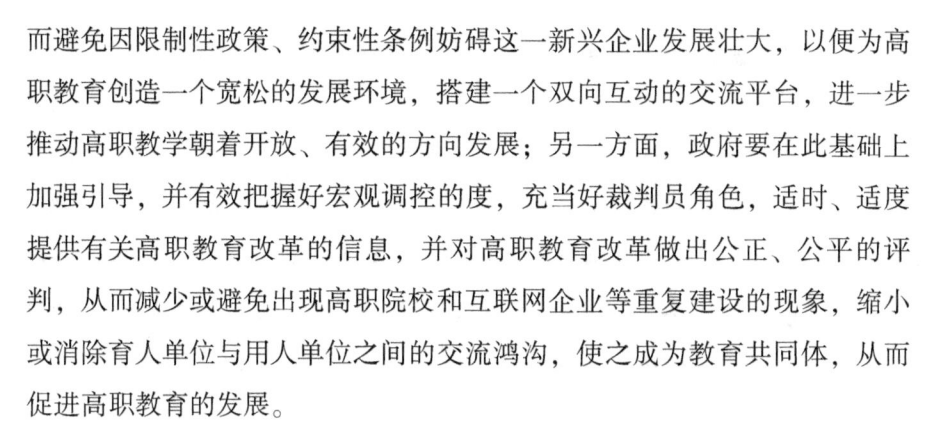

而避免因限制性政策、约束性条例妨碍这一新兴企业发展壮大，以便为高职教育创造一个宽松的发展环境，搭建一个双向互动的交流平台，进一步推动高职教学朝着开放、有效的方向发展；另一方面，政府要在此基础上加强引导，并有效把握好宏观调控的度，充当好裁判员角色，适时、适度提供有关高职教育改革的信息，并对高职教育改革做出公正、公平的评判，从而减少或避免出现高职院校和互联网企业等重复建设的现象，缩小或消除育人单位与用人单位之间的交流鸿沟，使之成为教育共同体，从而促进高职教育的发展。

（三）高职教育要敢于从知识教育向思维教育转变

随着互联网+时代的到来，越来越多的学生通过网络获取教学资源，学习专业知识与技能。因此，为了更好地承担教育者的责任，做好授人以渔的工作，高职院校应明确自身职责，厘清高职教学思路，在明确分工的基础上，简化高职课堂环节，优化高职教学方法与手段，从而实现以理论知识为教学重点向以开放思维为培养重心的方向转变，并在此过程中有效提高高职课堂教学的质量，顺利完成高职院校及高职教师教书育人的目标。

总之，面对互联网+的挑战，高职教育要顺势而为，根据自身的发展需求，抓住互联网技术发展带来的机遇，积极迎接挑战，让高职教育在互联网+的助力下有更大的发展。

第三节　互联网+新型教学模式的探究实践

一、互联网+新型教学模式的构建

互联网与教育相结合需要构建一个新型的教学模式，而构建新型的教学模式，首先要对现有的教学模式进行深入的分析和了解，其次要以网络教育理论为基础，结合构建主义的相关原理和原则，来构建以网络教育为特点的高职教育教学模式。

互联网+新型教学模式可以从"自学—助学—测评"三个方面来分析，互联网+教学模式是这三个方面互相结合的一个整体。在自主学习理论、认知结构理论以及人本主义理论的指导下，充分发挥学生的主体性，同时提高学生理论知识水平，转变学生的思想观念，提高学生的实践能力和自学能力，提高学生的综合素质水平。互联网+新型教学模式主要包括以下内容。

(一) 自学过程的环节

自学过程包含三个必要环节，即制订学生自主学习计划、利用互联网等平台学习和小组合作学习。

1. 制订学生自主学习计划

学生制订的学习计划主要包括个人的课程学习计划和选课学习计划。在学生制订自主学习计划时，教师要给予学生充分的建议，给学生一定的参考。教师既是学生学习计划的指导者，也是学生学习进程的监督者，还是学习效果的评判者。

2. 利用互联网平台学习

互联网+新型教学模式十分注重培养学生的自主学习力。高职学生都是成年人，有自己的思考方式以及知识的储备，并在相关的实践中积累了一些经验，能够进行自主学习，自己解决一些问题。在互联网+新型教学模式下，网络教学资源十分丰富，可以满足学生多样化、个性化的学习需求。互联网+新型教学模式以网络互动平台为传播媒介，学生可以通过网络互动平台与教师或同学进行沟通交流，及时有效地探讨、解决自学中遇到的问题。

3. 小组合作学习

小组合作学习同样需要在教师的指导下进行，主要是指一些学生根据自己的兴趣爱好组成学习小组，或者是由老师指定组成学习小组，一起合作完成难度比较大的作业。学习小组在不同的学习阶段有不同的任务和目标，要实现不同的目的。教师要根据不同的小组需求，设置不同的学习任务，布置难度较大的工作。

(二) 学生网络学习的助学者

学生在学习的过程中总会遇到各种问题，需要各种帮助。学生网络学习的助学者主要包括资源支持、学生互助以及教师帮助。

1. 资源支持

资源支持是指学生学习的辅助资源，要求高职院校能够不断建设和完善网络学习平台以及各种网络资源系统，满足学生的学习需求，为学生创造自主学习的良好环境。同时，还可以开设一些网络信息技术培训课程，给广大师生普及网络技术，鼓励学生自主报名参加计算机一级或者二级的考试，为学生提高计算机水平打下基础。只有不断地提供各种适合学生的多元化的网络辅助资源，才能为学生的自主学习提供资源保障。

2. 学生互助

学生互助主要是指学生与学生之间的合作与学习的过程。有时候，一些问题的难度比较大，学生个人无法解决，就可以通过学生之间的互动学习、讨论来解决问题。学生的互助学习主要包括视频教学活动、小组合作学习、BBS 讨论和集中参加课程辅导等。一是通过互助学习，开阔视野，拓宽知识面，启发思维。二是充分发挥小组学习的优势，让学生感觉到团队的力量，培养学生的团队合作意识。三是教师对学生进行集中辅导，及时解决学生学习中遇到的问题，教师对知识点的再次讲解，可以深化学生的理解，巩固所学的知识。

3. 教师帮助

教师帮助是指学生通过自学的方式，在初步的学习之后，能够独立解决一些问题，但是对于课程中一些重点和难点的把握还比较差，这时候就需要教师对学生进行指导和帮助了。学生自主学习并不是万能的，需要教师的指导。在学生学习的过程中，教师的帮助主要包括教师引导和教师辅导。

教师引导是指教师通过各种手段来促使学生产生学习的兴趣，转变学习观念，调整学习方式，引导学生掌握自学的方法和技巧。教师之所以要完成对学生的引导，主要原因在于学生的年纪还比较小，对网络上的各种资源的辨别能力比较弱，其自主学习、自我控制能力都有待提高。教师引导学生进行自主学习主要包括以下两个方面：一是进行课程导学。在学生已经掌握了每个单元的基本内容的前提下，帮助学生对课程教学大纲和课程教学的具体细则进行梳理，让学生掌握自主学习的方向，指导学生对学习课程的性质、教学模式以及教材特点进行更深入的了解，指导学生制订自己的学习计划。二是教师可以将一些优秀学生自主学习的事迹进行专题展示，从而激发学生的学习兴趣和学习积极性。

教师辅导是指在互联网+新型教学模式之下的教师辅导，主要是指网络互动平台的及时辅导。一是检查学生的自学情况。在进行网络辅导中，教师可以根据学生所提出的问题，来了解学生的学习情况；可以检查学生的自学笔记以及查看学生的作业进度，来了解学生的学习态度。在这个过程中，教师要及时关注学生的学习动态，发现学生在学习过程中存在的问题，从而开展针对性的辅导。二是重点讲解和答疑。教师依据课程的实际要求，结合学生在自学过程中存在的问题，对课程中的重点和难点进行详细讲解。三是多种媒体优化组合。在这个过程中，教师可以充分利用电子教案将文字、视频、录像等多媒体资源进行整合优化，并指导学生利用多媒体进行学习。四是创设互动情境。教师利用组织对话、角色扮演、小组讨论、分组表演、集体讨论等灵活多样的形式，激发学生的学习兴趣和思考能力，尤其是协作探讨的能力，全面提高高职学生的专业能力和综合技能，弥补网络学习过程中学生因缺少实践而对实践课题的探索较为匮乏的缺憾。五是方法指导。方法指导是指教师应该传授给学生正确的学习方法，要注重培养学生的自主学习、探索学习和合作学习的能力。六是教师要布置作业，收集学生对于教学的反馈意见，及时批阅作业和讲解。通过以上工作，可以对学生的自主学习起到引导和帮助作用，让学生对自己的学习情况有一个更加全面的了解。

(三) 测评过程

测评过程包括自评+他评、形成性评价和终结性评价。

1. 自评+他评

学生自评是指学生通过一些网络测试题和网上教师布置的作业等，来了解自己的学习情况。学生他评主要是在小组活动结束后，小组成员对这个小组的学习情况进行评价，每个成员都能提出自己的意见，发现自己的不足，并在以后的小组活动中不断改进。自评是评价主体针对自身的评价，他评则是其他人对主体开展的评价。只有将这两种评价结合起立，才能够获得更多的关于学生的信息，帮助学生更好地认识到自身存在的不足，并积极进行改正。

2. 形成性评价

形成性评价是一种动态的评价，是指为了不断完善教学过程或教学设计，从而给学生带来更好的学习体验的一种对学生学习结果进行的评价。形成性评价的主要目的在于对学生的学习过程进行正确的指导和科学的管理，能够及时了解学生的学习情况并改善教学设计，指导学生进行正确的学习，进一步提高学生的综合素质，促进学生的全面发展。其具体的操作方式包括作业分析、经常性的测试以及对学生的日常观察等。

3. 终结性评价

终结性评价又称事后评价，是指教师在教学活动结束后，对这一段时间的教学成果进行总结和评价。比如，学期末的各种考试等，其目的就是测试学生是否真的掌握了这一知识点。同时，终结性评价是对一段时间内教师的教学状况的最终评价，涉及的内容比较广泛，主要包括学生的结业、毕业、获奖以及教师的职称评定等。

二、互联网+新型教学模式的教学类型

(一) 讲授型教学模式

讲授型教学模式是指以教师为中心，学生通过教师讲授知识而进行学习的教学模式，让学生对某方面的知识有一个了解。这种教学模式是一种

传统的教学模式,有其独特的优势,在教学中不能够完全被取代。讲授型教学模式也可以加入互联网的因素,教师运用多媒体技术对学生进行知识的讲授。讲授型模式在网络教学中可分为同步式讲授与异步式讲授两种形式。

1. 同步式讲授

同步式讲授教学模式是指通过网络技术将教师的现场授课同步传送到学生的电脑上,教师进行网络授课直播,学生在同一时间内进行收听。同时,教师与学生也可以通过各种途径进行交流与互动。这种网络教学要借助局域网或者其他的系统来实施教学。在同步式讲授教学中,教师要具备多媒体设备,同时也只能在有相同设备的学习教室内进行学习。

2. 异步式讲授

异步式讲授教学模式是与同步式教学模式相对应的,这种教学模式并不要求学生一定要在同一时间内听课;相反,学生可以按照自己的时间来进行学习。在这种教学模式当中,教学的整个过程都是在网络上进行的,教师将教学要求、内容等做成网络文件,并发布在特定的互联网平台上,学生可以根据自己的需求来下载并进行自主学习。同时,教师还可以请专业的摄影师将自己的实际讲课过程录制下来,经过剪辑做成视频文件,发布到网络上供大家一起学习。学生可以将自己遇到的问题通过发电子邮件,或者在网络平台上向教师提问,教师给予及时的回答。教师可以在教学内容的相关版面上设置一些问题讨论区,供大家一起交流讨论。对于那些学生反映问题比较多的知识点,教师可以重新录制一个视频进行讲解。随着多媒体技术的发展,特别是课件在线点播系统的运用,学生可以重复学习网络课程,还可以在网络上自由地检索学习资料,参加测试。

总之,基于互联网开展的讲授型教学,组织形式比较简单,有统一的学习进度,能够和学校的课程实现同步。因此可以说,这种教学模式是在传统教学模式的基础上,实现了教学的多媒体化和网络化。这种教学模式对教师个人的要求不是很高,他们只需要准备相应的教学内容,由技术人员负责多媒体方面的工作。这种模式最大的优点就是它可以不受人数、时间和地点的限制，能够让学生自由地选择教师。但是这种教学模式也存在一些缺点。比如，这种教学模式不能够像传统教学模式那样实现学生与教师面对面的互动，教学活动的情境性也不够强，比较适用于那种自学能力相对比较强的学生。

（二）个别辅导型教学模式

这种教学模式主要是对于讲授型教学模式的补充，在教学的过程也占据着非常重要的地位。无论是传统的教学模式还是现阶段的互联网+新型教学模式，都具有一个共同的特点，就是比较注重对学生进行因材施教，要求根据学生的具体的学习情况和学习需求来采取不同的教学手段，对学生进行个别化的辅导。但是，这种因材施教的方法因为现实生活中教师资源比较缺乏而很难得到实施。随着互联网技术的发展，这一难题得到解决。网络个别辅导型教学模式包括两种，即利用网络通信工具进行个别辅导和利用CAI教学课件来进行辅导。一是通过网络通信工具辅导方式，这种方式主要是通过电子邮件以及聊天软件来实现的。其优势在于，学生向老师提出问题不会受到时间和空间限制，可以随时向老师请教，教师可以根据不同学生的问题进行有针对性的个别指导，教师能够了解每一个学生的学习特点，在实际的课堂教学中根据这些情况进行因材施教；其不足在于，学生请教不可能很快就得到教师的答复和及时讲解。

二是通过CAI的教育辅导软件对学生进行个别教育。CAI软件具有记录学生的学习情况以及与学生进行交流互动的作用，能表现出一个学习者的自身的学习特点，发现学生个别的学习环境。CAI软件可以代替教师对学生进行指导，帮助学生完成作业，解答问题。网络环境下运用CAI软件可以为学生提供个性化的学习环境，学生通过主动学习，对一些重点和难点进行模拟练习，查看有关演示和讲解。学生也可以根据自己的学习情况和学习能力，自主设置学习的进度和问题的难度，实现自主性、个别化辅导学习。

这种个别辅导型模式比较适合学生的课外辅导，如果学校能够指派一些专业的教师进行在线答疑，开发出更具专业性的软件，这种个别辅导型模式将更具实用性，能够让学生获得更大的学习空间。

（三）协作型教学模式

协作型教学模式强调协作学习的重要性，协作学习能够发展学生的批判思维、创新思维、团队合作精神，能够促进学生提高自己的认知能力，并形成良好的人际关系，促进学生的健康发展。

互联网环境下的协作学习主要包括两个方面：一是完全借助于网络平台的学生之间的协作学习，学生可以通过网络来收集信息，与有着共同话题和兴趣的学生结成协作团队，共同讨论交流，进而解决一些问题，也可以一起向教师请教。二是将网络工具作为协作学习的工具，学生并不完全在网络上进行学习，也可以在现实生活中与其他的同学一起交流和讨论网上的各种问题。

（四）探究型教学模式

探究型教学模式主要是指教师从解决学生实际问题的角度出发，深化学生对知识的理解，锻炼学生的思维，让学生的学习结果更具实践性。教师在提出某个研究课题后，要求学生收集相关资源，提出自己的思路，得出自己的结论。在研究过程中，学生应该根据教师的指导，进行实地的调查，在网上收集资料，进行问卷调研等，并且与其他学生或者相关学者一起讨论学习，从而形成自己的见解和观点。在学生完成这个工作之后，教师组织学生进行集中讨论，并根据大家的意见形成课题的倾向性意见。总的来说，探究型教学模式主要分为确定问题（课题）、组织分工、收集信息、整理/分析信息、构建答案/解答、评价与展示等环节。这种教学模式充分运用了各种互联网教学资源，因此，对于发挥和提高学生的主观能动性具有重要的作用。

探究型教学模式非常重视对情境的创设，因为探究型教学就是要将课程学习的内容和目标直接转换成为可以实践操作并完成的具体目标。要创设一个好的情境主要包括以下三个方面：一是要让学生知道自己将要学习的主要内容；二是教师要运用各种手段，通过各种方式让学生对课程的内容产生兴趣；三是需要为学生建造一种学习的"支架"，引出学习任务，提出学习要求。

（五）案例型教学模式

在案例型教学模式中，教师给学生制定一些任务和目标，通过运用计算机提供真实的情境，让学生解决相类似的一些问题。案例教学是将理论知识与实践结合在一起的过程，在案例教学中，学生通过剖析案例，不断巩固自己的理论知识，在相关的案例中获得一些技能。案例教学最重要的就是让学生制定学习目标，教师精心选择案例，组织学生学习和分析案例，使学生从中获得知识。

在案例教学中，教师要尽可能根据学生的学习目标和任务来选定适合的案例，从多个方面和角度来探讨这个案例所要说明的道理。教师要不断提醒和指导学生，启发学生的思考。同时，教师还要对学生的学习结果进行评价，让学生把注意点放在解决问题上，而不是去简单地分析案例的细节。

（六）讨论型教学模式

这种教学模式能够极大地激发学生的学习思维，调动学生的学习积极性。传统课堂教学中的讨论活动，由于在特定教学环境下学生比较胆怯和紧张，因此实施起来比较有难度。但是在网络环境下，学生可以自由地发表自己的见解，毫无拘束，能够增加学生的课堂参与度，激发学生对学习的兴趣。网络讨论型的教学模式主要包括两种，一是在线讨论，二是异步讨论。前者的优势是讨论能够实时地显示出来，不足之处是发言的时间比较短，且相对来说没有固定的范式，主要依靠教师对场面进行掌控。后者的优势是以文章的形式进行，谈论会比较全面一些，但是不具有及时性。

网络环境下的讨论型教学，借助网络教学通信工具的支持，可以扩大讨论群体的范围，拓展讨论问题的角度，集思广益，在讨论中开拓学生的思维，提高学生学习的积极性。

三、互联网+新型教学模式的实践策略

随着互联网+的不断发展，各行各业受互联网的影响渐趋加深，互联

网技术与教育深度融合的趋势更是不可阻挡。尽管互联网+教育不可能完全取代高职教育的课堂教学，但是，积极探索互联网+背景下高职教育的发展路径，大力推动高职教育的网络化、信息化发展，对高职教育的发展有着重要意义。

（一）转变教学理念，改进教学方法

教学理念作为教学的指导思想，会直接影响教学方法的运用和教学活动的开展。实现互联网+新型教学模式在高职院校的实践与应用，首先要求高职院校转变课程教学理念。尽管互联网+教育的理念不断深入高职院校，但大部分高职院校的传统教学理念仍根深蒂固。一些高职院校教学模式和教学方法较为单一，课堂教学时间分配不合理，教师授课仍采用满堂灌的方式，探究式、互动式教学较少。学生处于被动状态，其学习主体地位没有得到充分体现，学生也因缺乏自主学习和思考的空间，独立思考能力相对薄弱，实践能力不能得到有效培养，无法很好地适应社会经济发展的需求。

1. 转变教学理念，增强学生的主体地位

一是要坚持以学生为中心。互联网+教学模式强调以学生为中心，教师是学习的组织者、引导者和促进者。高职教师要转变教学理念，将学生的学习主体地位融入教学设计、课堂教学、学习互动等环节，使学生真正成为学习的主人，让学生有更多的机会独立思考，提高其职业应用能力，促进自主学习能力和专业技能的培养。二是要增强师生互动。互联网+教学模式重视师生交流，强调互动教学。高职教师要增强与学生的互动交流，变讲授式教学为引导式教学，提升学生的学习积极性和自主学习、思考的能力。

2. 要改进教学方法，提高课堂教学的效率

高职教师要重视互联网+新型教学模式的优势作用，转变教学理念，丰富教学方法和教学形式，将互联网+新型教学模式与传统教学模式相结合，提高课堂教学效率，提升学生的学习兴趣。在教学中，教师要以学生为中心，围绕教学目标，依据学生的学习水平进行课堂设计。这种教学模

式强调学生在实践中学习，学生通过自身的体验收获知识以及实现知识的内化。例如，教师可以通过引入微课教学，让学生在课前即进行自主学习，课堂教学则以探究式教学、互动教学为主。这样，既优化利用了课堂教学时间，也有利于学生有独立的时间和空间进行独立思考。

（二）积极推动信息技术在教学过程中的全面应用

互联网+教育以现代信息技术为技术基础，以互动平台为学生学习以及师生交流的在线平台。高职院校要积极推动互联网+新型教学模式在课程教学中的应用，就需要积极推动信息技术在教育行业的应用，不断更新教学内容和方法，使高职学生所学知识以及技能可以满足就业需求。互联网具有传播便捷、信息量大、及时互动等特点，而互联网融入高职教育教学则具有教学资源丰富、教学互动快捷、教学内容传播便利等优势，既可以提高教学效率，还能帮助学生扩大知识面，提升专业技能。高职院校要重视信息技术对高职教学实现互联网+新型教学模式的重要作用，并不断促进信息技术在高职教学中的全面应用。

1. 要完善互联网+教学环境

互联网+教学环境是开展教学活动的重要基础，也是推动互联网+新型教学模式在高职院校应用的重要条件。完备的教学环境，有利于学生进行自主学习，也有利于教师提高教学效率，更有利于高职教育顺应时代发展的需要。因此，高职院校要全面建设互联网+教学的教学环境，更新教学方法，建立与时俱进的教学资源库及教学评估体系等。

2. 要搭建教学互动平台

互联网+新型教学模式强调师生互动，高职院校要积极搭建并完善教学互动平台，为教学活动的开展提供必备的平台基础。有了便捷的互动平台，教师才能将教学资源分享给学生，了解学生的学习动态，掌握学生的学习情况；学生才能自主学习，与教师或同学进行及时的互动交流，进行疑难解答，获取知识和技能。

3. 要完善教学评估体系

在传统教学模式下，教师一般通过随堂测试进行教学检验，根据学生的测试成绩了解教学情况。而互联网+新型教学模式下，教师则可以通过建立完善的教学评估体系了解教学效果。例如，教师可以从教学环境的构建、教学实践效果、教学互动情况的开展等方面进行综合评估。评价体系的完善可以让教师了解教学活动开展的优缺点，从而扬长避短，更好地开展教学活动。

（三）要谨慎选择，认真组织网络课程

互联网+新型教学模式的主要特点就是引入了网络课程教学，学生可以通过互联网平台进行自主学习。网络教学视频的内容要有特定的教学主题，教师围绕这个教学主题建立相关的教学资源库以及教学辅助资料包；通过对教学内容进行分析展开教学设计，并在此基础上开展教学活动。教学设计主要包括教学内容的设计、教学活动的设计、教学资源库的配置等。教师通过分享网络视频不仅拓宽了知识传播的渠道，还可以了解学生的学习动态和对知识的掌握情况。同时，网络课程的开放性与自由性，可以让更多的人浏览网络课程，教师不仅可以通过学生的反馈改进教学设计，还可以与其他教师或学者沟通交流，进行经验总结。此外，建立网络教学资源可以为学生提供丰富的学习资源，优秀的网络教学课程也可以展示学校的教学优势，形成教学品牌。网络课程之所以取得成功，其原因就是能为学生提供高质量的个性化的课程，满足了学生学习需求。因此，对于高职院校而言，要对教师网络课程严格把关，要求教师制作的内容要精心，设计要科学，而不是仅仅将讲学内容复制到网上。

（四）加强教师队伍建设，提高教学效率

教师作为整个教学活动中最重要的主体之一，是教学活动的引导者，直接关系到教学质量的高低。高职院校要重视高职教师队伍的建设，采取多种措施逐步提高教师的教学水平和专业能力，不断完善教师队伍。

1. 要精简教师队伍

当前，我国部分高职院校的教师来自文化基础课教师或者其他途径改制而来，相对于专业教师而言，他们属于准专业教师。专业教师在高职院校中的比例还比较低，已经严重影响到高职院校的快速发展。因此，高职

院校要不断增加专业教师的数量，逐步淘汰准专业教师。教育主管部门要结合高职院校的发展状况，对专业教师进行专业对口交流，进一步提升高职院校的教师水平。

2. 要引进专业教师

针对专业教师比较缺乏的状况，高职院校需要通过多种途径来解决这一问题，比如从企业一线或者相关的科研部门引进教师，从而充实专业教师的队伍，这是高职院校建设高质量师资队伍的重要环节。教师作为相对比较稳定的职业，由于受到多种因素的影响，他们对市场行情以及企业的发展和运行规律不够了解，也难以获得最新信息。因此，只有通过引荐一线企业工作人员从事教学，传授最新的技术知识，才能使学生获取最新的信息，掌握最实用的一线技能，实现与企业的真实对接。

3. 教师要开展团队合作

在互联网+的形势下，互联网+新型教育模式并不是部分教师的独角戏，作为一种全新的思维方法和模式，它是各个教育主体之间相互配合、共同合作的结果。在课程建设方面，教师要投入大量的精力和时间，对课程内容进行认真精心设计和准备。高职院校要通过政策支持，推进课程的团队建设，构建教师积极参与的激励机制，促进教师团队合作的形成和发展。通过搭建智能化、科学化的课程服务体系，促进教师分工的细化，推进集成化形式的管理，促使教师由个人努力向团队合作转型。

（五）科学进行课堂设计，提高学生参与程度

互联网+新型教学模式不仅是教学模式的改革，更是通过把各种网络资源和专业领域的名师整合在一起，为学生创造一个能够积极参与、主动开展学习的良好氛围。在这种模式下，学生可以结合自身的学习目标、知识储备和兴趣点，自主组织和开展学习。在学习的过程中，教师的参与度和支持度对学生的参与积极性有很大的影响。因此，要充分发挥网络技术的优势，可通过视频聊天室、在线游戏、网络沙盘及线上论坛等多种形式，加强师生之间的互动交流。这种教学模式对教师的时间和精力提出了更高的要求，这就需要高职院校在政策方面给予足够的支持，在保障机制

和激励机制方面创新教师的师资队伍。开展网络教学，不仅是模式的改革，同时还打破了传统教学与科研之间的固有关系，因此，高职院校需要进一步对教学模式和科研政策进行调整，以适应这种新型教学模式。

（六）创新高等教育管理体制

互联网+新型教学模式在给高职教育带来机遇的同时，也给现行的教育制度带来了巨大的冲击，导致现有的学术权力、行政权力关系被打破。在现有的高职院校管理体制下，高职院校之间的边界非常清晰，彼此之间是一种隔绝封闭的状态，互相之间很少开展教学合作，课程资源浪费的现象比较严重。互联网+教育是社会发展的趋势，是一个促进传统教育改革和提升的历史性机遇，因此，政府相关部门和高职院校都要充分认识到这一特点，对现有的高职院校教学模式和管理体制进行改革，对高职院校的管理体系进行改革和创新，构建多元化的办学模式，拓宽高职教育的融资渠道。

第五章

混合式教学研究

第一节 混合式教学的理论探讨及价值分析

当前，我国教育信息化已进入全新的发展阶段。推动信息技术与高职教育的深度融合，创新人才培养模式，已经被摆在了非常重要的位置。高职教育信息化是促进高职教育改革创新和实现教育教学质量提升的重要途径。通过改革传统的教学模式，将传统的课堂面授与在线学习相结合而形成的混合式教学模式，是在信息化条件下高职教学结构转型的有益实践和必然要求。

一、混合式教学的特征

混合式教学是近年来教育领域内出现的新名词，但并非一种全新的教学理念与方法，它是随着教育信息化的不断深入发展，逐步受到人们关注和重视的教学模式。其实，在传统的教学中，混合式教学的形式和内容已有所呈现。如将传统的板书与幻灯片、投影仪结合，呈现出立体的教学内容；将传统教学设计与计算机辅助教学相结合，形成新的教学形式等，都可以看作是混合式教学的雏形。国际教育技术界在不断反思在线教育能否完全取代传统教学方式，并分析信息技术的应用在教学领域能否达到最佳学习效果后，认为只有将传统学习与网络学习相结合，才能达到最佳的学习效果。混合式教学不是一个全新的概念，它是在将新型的技术工具应用于当前的教学实践中提出的，是对当前教育教学领域存在的问题做了深刻的剖析后形成的。随着混合式教学在教育教学领域内的不断普及和应用，关于混合式教学的研究也在不断深化。混合式教学所具备的三大特征，使其相对于单纯的课堂教学和在线学习而言，具有更大的优势。

（一）综合性

不同于传统的课堂教学模式和单纯的在线学习模式，混合式教学模式最大的特征在于它具有很强的综合性。混合式教学所体现的综合性主要表现在两个方面：一是多种教学理论的混合；二是教学过程中多种要素的混合。就混合式教学的理论基础而言，支撑混合式教学不断发展的理论不断被挖掘和提出。人本主义理论、建构主义理论、掌握学习理论、教育传播理论等在多元融合的过程中都对混合式教学的发展提供了有力的理论支撑。因此，为充分适应不同学习者和学习环境的要求，混合式教学离不开多种教育理论的综合支持。就混合式教学过程中多种要素的混合而言，混合式教学有机融合了不同的学习环境、学习方式、评价方式、学习资源及教学媒体、目标、评价等诸多要素，使混合式教学模式成为一种更为复杂和综合的教学模式。

（二）实践性

混合式教学模式强调培养学生将知识应用到处理实际问题的能力。传统的教学模式以知识的获取为主要学习目标，因此，在实施教学活动的过程中难以创设有效的环境将学习与社会实践结合。此外，传统教学模式在教学评价环节主要以学生的成绩高低作为衡量指标，学生的实践能力往往被忽视。学习的最终目的并不只是知识的堆积与成绩的提升，而是将学到的知识运用到生活实践中，因此，学生解决实际问题的能力其实是多种技

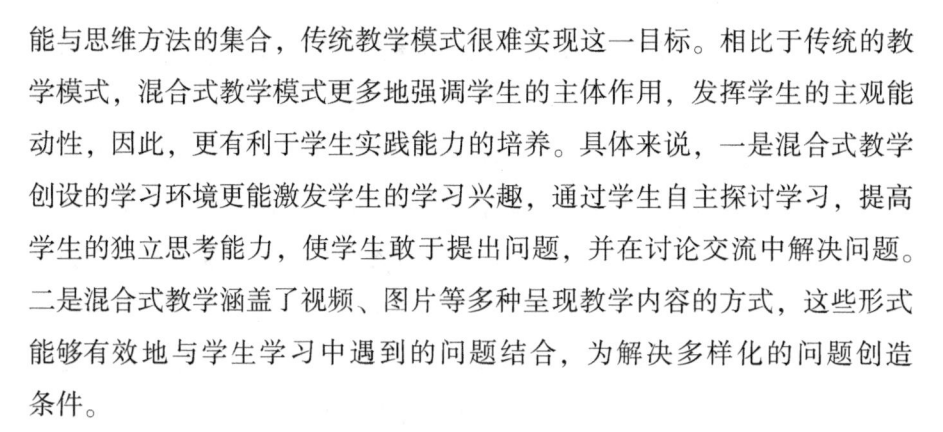

能与思维方法的集合，传统教学模式很难实现这一目标。相比于传统的教学模式，混合式教学模式更多地强调学生的主体作用，发挥学生的主观能动性，因此，更有利于学生实践能力的培养。具体来说，一是混合式教学创设的学习环境更能激发学生的学习兴趣，通过学生自主探讨学习，提高学生的独立思考能力，使学生敢于提出问题，并在讨论交流中解决问题。二是混合式教学涵盖了视频、图片等多种呈现教学内容的方式，这些形式能够有效地与学生学习中遇到的问题结合，为解决多样化的问题创造条件。

（三）互动性

相对于传统教学中的课堂讲授方式而言，混合式教学更加重视在师生的交互作用中完成对学习内容的传授与知识的构建。这种互动性，一是表现在教师与学生、学生与学生之间的及时交流与沟通。在传统课堂中，教师掌控了课堂的大部分甚至全部时间，学生在教师的讲授中完成对课程的学习，很少有与教师沟通的机会。如果学生不能积极地向教师提问，很多问题就难以及时解决。但是在混合式教学模式之下，课堂以学生自主学习中面临的问题为导向，在完成既定教学目标的基础上，教师着重解决学生在学习中发现的问题。在这一过程中，学生根据教师的回答进行深入的思考，同时可能会产生更多的问题，学生可以在与教师和同学的沟通过程中解决问题。二是体现在人机交互。学生除了课堂上课之外，还要接受网络教育。在网络学习的过程中，主要是与计算机和其他通信设备的接触。网络中多样化的教学形式和灵活便捷的特点更能激发学生的学习热情，通过在网络中获取知识、探索问题、搜寻答案来形成混合式教学的人机互动模式，有利于激发学生的创新意识。

二、混合式教学的理论基础

（一）掌握学习理论

所谓"掌握学习"，就是在"大多数学生都能掌握"的学习理念指导下，以集体教学为基础，辅之以经常、及时的反馈，为学生提供所需的个别化帮助以及所需的额外学习时间，从而使大多数学生达到教学目标所规定的掌握标准。只要给予足够的时间和适当的教学，几乎所有的学生对学习内容都可以达到掌握的程度。掌握学习的核心在于给予学生足够的训练机会，保证足够的训练时间；同时，教师要给予学生经常性的反馈和评价，提高学生学习兴趣和信心。掌握学习理论强调教师应加强对学生整个学习过程的关注和诊断，分析学生的个性特征和学习能力，了解学生对知识的掌握程度。此外，掌握学习理论尤其强调反馈和矫正在教学中的作用，特别重视用诊断式的形成性测验方式来进行反馈，以了解学生是否已掌握所学内容，帮助学生解决疑难问题。

在混合式教学中，师生之间的良性交往和互动及在线课程的设计环节过程都体现着掌握学习理论的内涵和原则。教师与学生通过线上线下的及时沟通交流，共同解决学习中的困难，尤其是对学生深度学习能力的培养和学习环境的创设，为学生更加积极主动地进行知识的建构和能力的提升创造了空间。在混合式教学的课程设计中，各种在线试题的引入和课后的测验性题目都是基于掌握学习理论的诊断式形成性测验的原则和要求而设计的。

（二）建构主义学习理论

建构主义理论是指以学生为中心，强调学生对知识的主动探索、主动发现和对所学知识意义的主动建构。后来，经过维果茨基等人的进一步发展，该理论得以丰富和完善，形成了独特的学习观、知识观、教学观。

在学习观上，建构主义学习理论认为，学习不是教师向学生直接传递知识的过程，而是学生在新旧经验的相互作用下建构自己知识的过程。在知识观上，建构主义学习理论强调知识的动态性，需要针对具体问题的情境对原有知识进行加工和再创造，对知识的理解是学生个体在特定情境下基于丰富而独特的经验建构起来的。与传统教学观相比，建构主义教学观是以自身已有的知识和经验为基础的建构活动，认为学生的积极性、主动性和创造性是至关重要的，教师的作用主要在于导向和组织。建构主义学习理论在教学上注重对教学情境的创设，学生在情境化的教学环境中通过

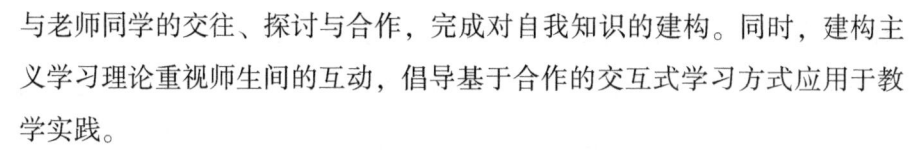

与老师同学的交往、探讨与合作，完成对自我知识的建构。同时，建构主义学习理论重视师生间的互动，倡导基于合作的交互式学习方式应用于教学实践。

计算机网络技术的不断发展，为建构主义学习理论应用于教育教学领域提供了有力保障。混合式教学"以学生为主体，教师为主导"的教学模式正是对建构主义所提倡的基于问题和情境的学习方式的有益实践。通过教师的教学实践与建构主义学习理论的有机结合，使得这一实践过程成为教师和学生自身有意义的建构过程。随着网络技术的发展、信息化的不断深入，建构主义所要求的学习环境也得到了最新信息技术成果的有力支持，尤其在混合式教学领域的应用更是日益紧密。

（三）人本主义学习理论

人本主义学习理论的代表人物马斯洛、罗杰斯认为，研究心理学的真正方式，是通过自己来考察自己，即要从第一人称的角度来考察行为。马斯洛提出了需要层次理论和自我实现理论，强调人的发展潜能的动机；罗杰斯则强调提倡"以学生经验为中心"的"有意义的自由学习"观和"以学生为中心"的"非指导性"教学观，强调要重视教学过程而不是教学内容，重视教学方法而不是教学结果。人本主义学习理论特别关注人的自我实现，认为每个人都可以自由选择自己发展的方向，每个人都有实现自己目标、发展自身潜能的能力。人本主义学习理论强调内在的有意义的主动学习，反对机械式的灌输教学内容。人本主义注重对学生内在心理世界的了解，以顺应学生的兴趣、需要、经验以及个性差异，开发学生的潜能、激发起其认知与情感的相互作用，重视创造能力、认知、动机、情感等心理方面对行为的制约作用。同时，人本主义的理念也关注师生之间和谐教学关系与教学环境的创设，通过良好的师生关系的创立，突出情感价值在教学活动中的积极作用。

在混合式教学中，在线平台发挥着重要作用，网络学习的有效开展，关键是学生的积极参与和主动学习，这符合人本主义倡导的"以学生为中心"的教学观。同时，教师努力创造促进经验学习的课堂气氛，根据学生

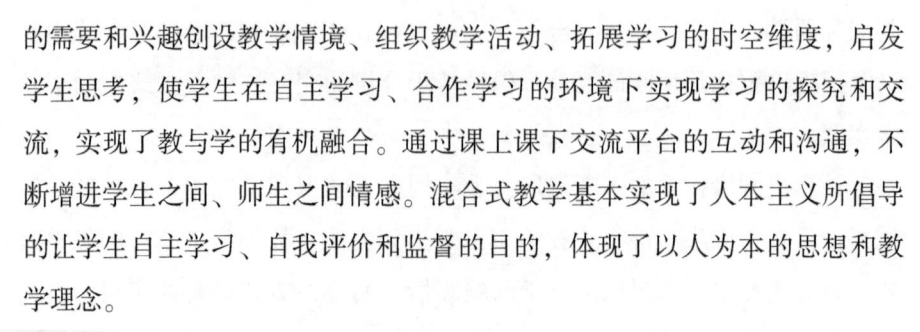

的需要和兴趣创设教学情境、组织教学活动、拓展学习的时空维度，启发学生思考，使学生在自主学习、合作学习的环境下实现学习的探究和交流，实现了教与学的有机融合。通过课上课下交流平台的互动和沟通，不断增进学生之间、师生之间情感。混合式教学基本实现了人本主义所倡导的让学生自主学习、自我评价和监督的目的，体现了以人为本的思想和教学理念。

（四）新制度经济学的制度理论

新制度经济学以科斯、诺思、德姆塞茨和威廉姆森为代表，从制度的起源将制度划分为内在制度和外在制度。内在制度是从人类经验中演化出来的，它体现着过去曾有益于人类的各种解决办法，如伦理规范、行为习惯等。外在制度则是由政治权威的代理人通过严格的程序创设出来的，而且往往具有成文的形式，按正式程度分为正式制度与非正式制度。外在制度依赖于政府的决策，内在制度多依靠自发的方式，两种制度相互联系与影响，形成互动，通常外在制度作为必要的强制性后盾服务于内在制度。

就混合式教学而言，其外在制度主要涉及国家及其他机构所制定的关于混合式教学的保障制度，诸如国家法规、教育行政部门的政策、规章体系等，即正式制度；内部制度主要涉及学校相关规则与文件规定等，即非正式制度。正式制度在现实中存在执行力度削弱、选择性执行等问题，这就需要非正式制度进行弥补。此外，正式制度大多从宏观层面进行建构，缺乏对各地区、各学校实际情况的具体考量，因此，也需要非正式制度进行细化，以保证相关政策规章的有效实施。笔者认为，对于混合式教学保障制度的建构，需要综合考量各方面因素，以高校为主体，通过调研切实了解当前混合式教学在发展过程中的具体情况和存在问题，制定出切实有效、标准规范的保障制度。

三、混合式教学的价值分析

混合式教学作为课堂教学与网络学习相互融合、优势互补的教学方式，在充分整合、利用网络学习和课堂教学各自优势的前提下，有效地克

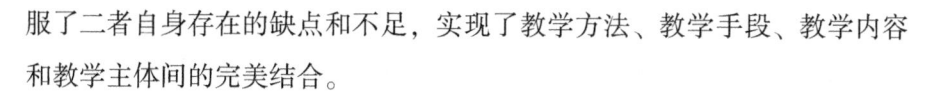

服了二者自身存在的缺点和不足，实现了教学方法、教学手段、教学内容和教学主体间的完美结合。

（一）混合式教学相对于传统的课堂教学的优势

作为传统的课堂教学最主要的形式，班级授课制至今仍是我国高校的主要教学模式。这种教学模式强调教师对知识的系统性传授，通过发挥教师的主导作用，可以有效把握教学进度和节奏，帮助学生系统地获得知识。同时，这种教学模式有助于师生之间的情感交流，教师可以随时观察学生的课上反应状况，照顾大多数学生的理解反馈和学习进度。随着信息技术在教育领域的应用日趋成熟，教学环境的改善和教学理念的更新，传统的教学模式的弊端不断出现，而混合式教学模式的优势则日益凸显。

1. 知识传播方式的更新与学习效果的提升

传统的课堂教学主要强调对知识的系统传授，教师通常运用演示、讲授等方式讲解教学大纲规定的系统化、程序化的课程内容。学生的主要任务则是对概念、原理的记忆和简单应用。这就导致在传统的教学环境下，教学设计和教学方式单一，教师扮演着知识的唯一传授者角色并占据着课堂的核心地位，学生长期处于被动学习的状态。造成学生的听课疲劳和教师的职业倦怠。长此以往，学生被动接受大量固定知识，无法在教学过程中进行思考和及时提问，只是停留在对知识的浅层记忆层面，造成了学习积极性的下降和创造性的丧失，束缚了学生的发散思维，其结果必然导致学生学习效率的降低和学习效果的不佳。混合式教学模式则打破了师生间的主客关系和传统填鸭式的教学方法，丰富了知识传播的手段和途径，强调了学生"学"的重要性和主动性。通过借助网络教学平台，使多种媒介的组合、不同教学策略的运用、不同学习方式的优化，有机融合在一个具有丰富学习环境和情感体验的教学场域内，使学生在交流探讨中逐步认识到学习过程是对知识的深层理解、高阶思维和主动求索，而不单只是被动地接收信息和记忆知识。通过鼓励学生自主、批判、探究式的学习，实现学生对知识的理解迁移，并转化为对知识的深度学习和应用探索。同时，在自主学习与互动探讨中进行批判性的思考，把所学知识运用到实践中去，使学生真正认识到学习是自身发展的内在需要，在交流沟通中不断接纳新的观念，发现自身的不足和差距，进而积极主动地取长补短、查漏补缺。

2. 从注重教学结果到注重教学过程的重心转移

传统的课堂教学以预设的课程目标为考核标准，对学生进行学习结果考核，过于强调最终的结果性评价，忽视了学生在整个学习过程中的综合表现，特别是在各个环节和不同阶段的学习效果和学习态度变化。这种考核方式所带来的不良后果，一旦学生在最终的考评中成绩不尽如人意，那么整个学习过程中的阶段性成果和进步就会被忽略，因为这些学习过程中的成绩和进步并不能对最终的考核产生影响。长期重结果轻过程的培养考核方式，使学生考前突击复习、平时得过且过的现象长期存在。但是，在混合式教学环境下，教学测评则是对学生整个学习过程的跟踪性评价，而不仅仅局限于期末考试这样的结果性评价。混合式教学实现了从关注教学结果到关注教学过程，从实施结果性评价到实施过程性评价的重心转移。在这种教学理念和评价方式的转变过程中，学生的学习积极性和热情被调动起来，学生会重视每一次的集体训练和小组协作，因为这不仅仅是对自身能力的培养，更是对自己学习价值的肯定和学习经验的积累。

3. 从标准化教学到个性化学习的进步

传统的课堂教学所追求的是教学过程中的步调统一与规范标准。无论是教学内容的系统化编排还是教学方式的模式化设计，都集中体现着工业文明的生产方式。不同学习程度的学生都要在课堂上接受相同的教学内容和学习进度，传统课堂教学无论是从对课堂知识的讲解还是到对课程作业的安排，都忽视了不同学习程度学生的需求。在混合式教学环境下，依托网络教学平台，学生可以自主学习相应课程内容，充分利用网络资源库拓展相关知识，尤其可以对自己感兴趣或薄弱的知识点进行深度追踪和检视。通过利用学习交流平台提出自己的问题，或自主成立交流群和协作组对相关问题进行头脑风暴，在交流中展示个性化的思路和想法。

（二）混合式教学相对于网络学习的优势

网络学习改变了传统的课堂教学模式，使学习成为一种选择的过程。依托网络学习平台，在线学习以其学习资源的丰富性、学习时空的延展性和学习方式的个性化，大大提高了学生的学习效率和学习热情。但不可否认的是，单纯的在线学习常常忽视了学生的社会性特质，压缩了学习主体间多层次、多角度的合作空间，使学生成为网络虚拟空间的奴隶和网络信息的搬运工。学习的最终目的不仅仅是获取信息，把信息有效转化为知识加以吸收消化利用，将知识转化为人的智慧和品格，才是掌握知识、学会做人的最终目的。混合式教学模式的实践，对有效解决单纯网络学习出现的弊端起到了积极的作用。

1. 增强了学生的集体观念和团队协作精神

不同于传统课堂上的师生之间、学生之间交往形式，网络学习中师生之间、学生之间的交往逐步由直接走向间接，由多样化走向单一化，改变了传统教学中的人际交往模式。这就导致学生的群体意识逐渐淡漠，缺乏集体观念和团结。混合式教学模式在利用网络学习优势的基础上，将传统教学中面对面的教学手段有机融合在网络学习中，使信息的传递作用和情感的沟通功能得到有效发挥，这就在很大程度上减轻了网络学习中学生可能存在的孤独感和无助感，加强了师生之间的互动和学生之间的协作。这不仅扩展了人际关系空间和学习主体空间，更增强了师生之间的情感交流，维持了良好的团队集体氛围，有利于培养学生健全的人格。

2. 弥补了网络教育中德育教育不足的缺憾

学校教育的目的不仅在于教会学生具体的知识和技能，更重要的是培养学生正确的世界观、人生观、价值观。教师在传道授业解惑的同时，更应关注其言传身教对学生正确的世界观、人生观和价值观的影响和培养。在网络教育中，教师只能言传而无法身教，长此以往，学生无法得到关于社会经验、人情世故的教导和指引，容易造成与社会脱节的不良后果。混合式教学则打破了单纯的"只教书，不育人"的弊端，通过网络学习之后的课上教学和团队协作，实现了在传统课堂教学中教师的言传身教。通过建立与社会真实、有效的联系，使知识的学习、经验的传授不仅是课堂上的交流，更是成为沟通社会、联系社会的纽带和桥梁。这对学生社会主义核心价值观的树立和性格品德的培养，有着积极的促进作用和深刻的现实意义。

3. 实现了教师对学生学习行为的有效监督

在网络环境下学习，鉴于教师无法采取有效措施督导这些远距离的学生，因此，需要学生有较强的自制力和自觉性。而混合式教学模式可以有效解决网络教学中存在的这些问题，因为在混合式教学中，学生学习任务的完成情况既可以通过在线提交的形式及时反馈给教师，教师也可以通过交流平台进行针对性的辅导和检查。二者相互照应，可以及时有效地对学生的学习情况进行监督检查。此外，在面授环节，教师针对学生在学习过程中出现的问题进行集中面授讲解，答疑解惑，成为学生学习环节查漏补缺的有益补充。总之，混合式教学可以实现对学生学习行为的有效监控和指导，能够为学生学习效果的提升、学习自觉性的培养提供有益帮助。

第二节 高校实施混合式教学面临的机遇与挑战

随着信息技术与教育的深度融合，单纯的在线教育已经难以满足教育发展的要求。混合式教学在以理性机制介入教学的基础上，实现了教师与学生"双主"交互之下完整意义上的学习，因此，混合式教学理所当然成为高职院校教学改革的方向，这是在当前信息技术能够提供支撑基础之上做出的理性选择，是实现信息时代教育教学目标的有效手段。

一、高职院校实施混合式教学面临的机遇

（一）教育信息化改革拓宽了混合式教学的发展空间

当前信息技术已渗透到经济发展和社会生活的方方面面，人们的生产

生活和学习方式都发生了翻天覆地的变化。在国际竞争日益加剧的情况下，各国普遍重视教育信息化在提高国家综合科研能力和国民素质方面的重要作用。要破解制约我国职业教育发展的瓶颈与难题，应立足于当前职业教育发展的现实情况，努力实现教育领域的变革与创新，加快职业教育信息化改革的速度与进程，最终实现职业教育现代化。

教育信息化是促进高职教育改革创新和实现教育教学质量提升的重要途径。在高职教育领域，教学模式的转变与教学过程的优化日益紧迫，高职院校日渐成为应用新技术、新方法和新观念的教学场地。同时，高职院校的教学改革，特别是教学模式（包含教学方法）的改革，必须适应信息化时代的要求和信息技术的支撑。通过改革传统的教学模式，创建新型的教育理念和教学环境，将传统的课堂面授与在线教育相融合而形成的混合式教学模式，是在信息化条件下高职教育教学结构范式转型的有益实践和必然要求。积极开展混合式教学，不但可以更好地发挥教师主导作用，而且有利于激发学生的主体认同感和存在感，培养自主创新和实践操作能力，实现教学相长，达成教学目标。积极开展混合式教学，不仅能实现立德树人和培养创新型人才的教育目标，更是践行教育信息化改革、努力实现教育职业现代化的客观要求。因此，教育信息化改革可以为混合式教学目标的达成和教学模式的推广创造良好的外部环境，开拓广阔的发展空间。

（二）信息技术与教育的深度融合加快了教学结构变革的步伐

教学结构的变革不是抽象、空洞的，它具体体现在课堂教学系统的四个要素上面，即"教师""学生""教学内容""教学媒体"。作为将传统学习方式与在线教育优势结合起来的混合式教学模式，正是对改变传统教学结构的积极尝试，信息技术与教育深度融合的时代要求也为混合式教学的发展提供了契机与平台。具体而言，在混合式教学中，教师之于学生，是"主—主"关系中的平等对话者，而不是"主—客"关系中的领导者。开放而便捷的网络资源为教师和学生提供了丰富的在线教学资源和学习信息。在网络自媒体时代，任何传播媒介都在交互作用中完成信息的传达与意义的建构。教学媒体也不例外,混合式教学媒体在帮助教师做好辅助工具的同时,也在完成着促进学生个体认知与知识建构、情感与人格培养的多重使命。信息技术与教育的深度融合,要求教学应以学生为主体,辅之以传统课堂教师的指导,实现双向互动。混合式教学正是在以学生为中心的基础上将课堂从单向的教与学转变为双向的教与学,通过信息技术创设学习环境,为教学目标的实现提供现实性条件。有鉴于此,混合式教学必将在加快实现信息技术与教育的深度融合,实现高职教育现代化跨越式发展的时代契机与历史机遇中快速发展。

二、高职教育实施混合式教学面临的挑战

(一)传统师生关系的束缚

中国传统文化信奉师严道尊,塑造的是自上而下、主从尊卑的师生关系。教育信息化在教育领域内掀起了思想变革,传统课堂教学模式已然无法满足学生个性化的需求,传统教育中的师生关系也需要变革与重构。

传统的课堂教学存在教学资源局限与教学方式单一、学生自主性不足与师生交往欠缺等问题,单纯的在线教育存在自主性过大、课业监管不力、完成率低、师生之间人文关怀缺失与认同感不足等问题。混合式教学在一定程度上可以有效弥补二者的缺点。在混合式教学模式下,教师与学生都应重视自己的学习效果和学习过程,并对其负责。一方面,教师要胜任更多的角色转换,而不仅仅是混合面授中的答疑解惑。作为教学团体中课程的开发者、信息技术的使用者、在线教学与面授教学的协调者,教师应拓宽更多的角色视角。另一方面,学生也不能仅仅作为学习者而存在,而是要通过选择合理的技术工具、调整合理的学习步调,在教师的课程开发与调试、知识的传播与接受中加强彼此的沟通和交往。在教学任务和目标的达成与反馈中交换学习心得,与教师一起共同面对和处理相关问题,建言建策。无论是教师权威的消解还是学生主体意识的增强,无论是教师中心论的消弭还是民主平等的师生关系重塑,混合式教学都以其独特的优势推动着高职教育的变革,影响着高职教育教学的理念和模式。

（二）高职教学管理的变革

混合式教学是随着教育信息化持续发展，在线教育不断深化到新的阶段应运而生的新型教学模式，因此，高职院校在开展混合式教学的过程中难免遇到各种挑战。通过对比传统教学模式和在线教育模式，结合混合式教学本身的特征与内涵，可以清晰地发现高职院校在实施混合式教学的过程中面临着学分认定、教学过程及教学质量管理等方面新的要求和挑战。

1. 面临学分认定管理的挑战

目前高职学生顺利完成学业的重要指标就是在规定时间内修完相应学分。因此，学分是衡量学生课程完结程度与学业学习情况的重要因素。在传统教学环境中，学生通过在教室的听课和课后完成课程作业，教师通过对学生期末成绩的评定来决定学生能否达到本课程的学分。但在混合式教学模式下，学分的认定就变得相对复杂。一是混合式教学融合了网络教学和传统教学两方面内容，考核方式也逐步过渡到过程性评价和生成性评价，这对学生的网络学习环节存在一定的监管和跟踪难度，导致学分认定需要考虑的要素较多，难以有效兼顾，在学分认定中往往存在一定盲区。二是混合式教学强调应关注学生的学习兴趣，因材施教，因此开设了形式多样的选修课程。通过实施选修制度，允许学生自主选择课程进行学习，这为学生的自主学习和发展提供了广阔的平台。但学分制、选修制若管理不到位，也会造成学生选课的混乱以及学校对学分管理的混乱。如学生在选课时难以把握选课范围与学分标准，导致误选或错选。此外，也容易出现学校由于缺乏完善统一的学分认证体系而出现传统课程与混合式课程评价标准不一致的状况。三是混合式教学的教学平台建设还不够成熟和完备，其教学评价和课程学习跟踪环节不到位，尤其是对于很多跨校学习的混合式课程，高职院校之间还没有达成广泛的共识和认可，因此，还不能完全实现学分的获得与互换。这对高职院校学分认定与管理都提出了挑战和要求。

2. 面临教学过程管理的挑战

较之于传统面授课堂中直观可见的授课与学习过程，以及网络远程教育中虚拟的、非接触式的教学环节，混合式教学模式下的学习过程环节较为特殊。在传统的课堂教学中，整个教学活动展开的过程都是直观可见而且易于监管的，无论是教师的教学计划实施、课程作业检查与评价还是学生的互动与反馈，都可以完整呈现出来。混合式教学虽然丰富了教师的教学手段和学生的学习渠道，但也面临着某些环节的单一角色进行，难以实现随时随地的互动和监管，容易造成教学过程中的间断与衔接不畅。因此，混合式教学模式对高职院校教学过程管理提出了新的挑战，对整个教学管理过程的监管、评价机制提出了新的要求。

3. 面临教学质量管理的挑战

教学质量是对教育水平高低和效果优劣的评价，集中表现为教师的教学能够在多大程度上促进学生预期学习效果的达成。良好教学质量的实现需要来自多方面的教学管理和保障。混合式教学中的教学质量管理涉及教学活动中的所有环节，所有参与其中的人员，伴随混合式教学"准备—计划—实施—自适应—评估"的自始至终的全部过程，混合式教学中教学质量的提升需要来自教学环境中教师、学生、教辅人员、管理人员的全员协作和配合，其教学质量管理更是对教学环节的各因素、各环节的全面管理和综合协调。因此，无论是从涉及面的宽度还是管理环节的复杂度，都远远高于传统课堂对教学质量管理的难度。

（三）高职院校混合式教学存在问题的成因探析

1. 外在因素

（1）传统文化理念的长期束缚。中国传统文化塑造的师严道尊、主从尊卑的师生关系以及和谐统一的整体价值观对教学理念和教学模式的形成产生了深远的影响。教师是权威的主导，学生处于依附的被动地位，传统教学理念中的这种师生不平等关系的长期存在造成课堂上往往是教师的"一言堂"和知识的"满堂灌"，师生之间缺乏交流和互动，更谈不上质疑和否定，长期以来，学生适应并依赖这种教学模式，不愿意从熟悉的学习环境中脱离出来，由此造成学生不愿意独立思考、开拓进取，失去了学习的积极性、主动性和创造性。

混合式教学打破了传统教学中的不合理现象，要求正视学生的主体地位，发挥学生的积极主动性和创造性，营造师生共同探讨、共同学习的合作式学习氛围。这与信息时代要求学生成为能够自主学习的主体，教师成为指导者，师生关系完成由传统单一主体向现代双主体转变的旨意相符。混合式教学通过扩展教学场域，实现线上与线下的有机融合，共同打造完整、立体的教学环境和教学过程。当前，传统的讲授式教学模式和理念是制约网络教育发展和革新的一个重要因素。随着信息时代的到来，传统教学模式已经很难适应师生的需求和教学的发展，未来教学模式的多样化已然成为不可逆转的趋势。因此，突破传统观念的束缚，在一定程度上也成为关乎混合式教学持续发展的重要因素。

（2）人才培养目标的局限。在传统的教学模式下，人才的培养虽然以学生全面发展为目标，但是在实际教学过程中仍以学生的分数为主，教学效果也仅以学生的成绩是否优异作为考量。素质教育能有效促进学生能力培养和个性化发展，但是在优质资源欠缺、教育生均经费缺乏的现实背景之下，仍具有较大的困难与阻碍。因此，这种教育现状成为教学模式从传统教学向混合式教学转型的一大阻碍因素。传统的教学模式过分夸大考试的表象评价属性，使手段与目的倒置，恰恰是违背教育长期性规律的表现。

混合式教学强调教学过程应当从应试教育的"唯分数论"到素质教育注重学生的能力和发展，要求学生所应掌握的不仅是课堂的知识，更应是学习的能力。混合式教学强调学生的学习是一种持续适应和成长进而再到自主的过程，这与传统教学强调学生学习成绩的培养模式相悖。在教学方式上，混合式教学既需要学生将外在的激励转化为内在的动力，再到自觉自发的意识觉醒，也需要教师的"有所为有所不为"。过度强调学生的自由与自主化学习，并不利于提高学生的学习成绩。因此，受制于传统的人才培养理念以及应试教育的长期束缚与局限，混合式教学很难进一步展开。

2. 内在因素

（1）教科研评价机制的错位。通过走访高职院校的一些教师，笔者了解到，当前一些高职院校没有有效开展混合式教学的主要原因是受制于

"重科研、轻教学"的评价体系。当前高职院校这种有失均衡的评价体系使科研成为考核晋升的硬指标，而对教学的重视程度欠缺，因此，在教学上缺乏科学的规划和投入。这种评价体系不仅体现在传统教学的过程中，甚至在混合式教学的发展中也产生了较大的影响。

一方面，学校往往将科研立项、课题申报、论文发表的数量和质量作为教师职称评定的硬指标。需要评职称的教师往往承担着较重的教学任务，这就使得教师不得不把精力都集中在科研方面，很难顾及课堂教学，只要完成基本的教学任务，保证教学过程能够顺利进行，避免出现教学事故即可。这直接导致课堂教学水平的停滞不前，产生的问题得不到及时解决，更不要说尝试教学创新和改革了。另一方面，教师的科研活动往往并不依托课堂教学，教学与科研是分离的。这就导致教师研究的科研内容或形成的科研成果很难转化为课堂教学资源和优势，课堂教学依旧原地踏步，课堂教学效果很难提升。具体到混合式教学，这种需要信息技术与教育教学协同运作的新型模式更需要教师投入较大的精力才能取得良好的成效，而教师不愿意花费过多的时间对教学过程进行钻研，这就直接导致了混合式教学难以取得良好的成果。结合问卷与访谈可以看出，当前高职院校对混合式教学的教师激励、培训、考核制度都不够完善，混合式教学项目的申报、教学效果的好坏并未纳入职称评定范围等一系列问题，导致教师在申报混合式教学项目时有"后顾之忧"。

（2）缺乏开展混合式教学的必要条件。混合式教学的开展，和实施集网络教学平台的建设与选择、网络课程的开发与资源共享、教学过程的实施与开展、课堂讨论与学生自主学习、教学评价与监督等诸多环节于一体。因此，无论是对课程资源的建设还是教学过程的把握，混合式教学都是需要考虑多重因素的复杂教学模式。而这个过程更是政策制度、经济文化体制以及财力、物力、人力等综合作用的结果。在访谈中笔者了解到，很多高职院校虽然十分重视混合式教学模式，并且也在尝试创造必要的条件，但是成效不佳。笔者认为，当前混合式教学之所以出现诸多问题，一个重要的因素就是高校缺乏开展混合式教学的必要条件。首先，混合式教学的发展需要国家政策的支撑，高职院校也应根据实际出台相应的规章制度，使教学工作能够有章可循。但是目前比较缺乏相关的政策制度，混合式教学的实践缺乏科学的规划与指导。其次，高职院校的整体教育经费不足，缺乏充足的物力、财力投入到教育教学中。而混合式教学是一个蕴含多种资源与条件的复杂教学过程，需要丰富的物力、财力投入。最后，混合式教学的发展需要进行全面的课程改革，并转变教学管理方式。但是在实际操作中，一方面由于学校尚未清晰地判断出哪些课程适合传统教学形式，哪些适合应用混合式教学形式，致使混合式教学改革处于混乱的局面，缺乏科学的规划；另一方面教学管理方式的转变并不完善，当前仍缺乏相应的教师激励机制、学生评价体系等相关配套制度，导致教师对混合式教学的投入并不积极，阻碍了混合式教学的发展。

第三节　高职院校促进混合式教学发展的保障制度构建

建立混合式教学规范完善的保障制度，已成为高职院校发展混合式教学的重要措施和关键环节。混合式教学的具体开展与后续发展落实到操作层面，需要通过一系列规范的制度化要求，把与课程建设相关的各部门、各组织和各类人员有机协调统一起来。构建高校混合式教学的保障制度，需要在明晰混合式教学保障制度的构成体系与制度内容的基础上，结合当前混合式教学的发展现状和面临的突出问题，制定切实有效、规范完善的保障制度来促进混合式教学的健康发展。

一、高职院校混合式教学保障制度的构成

（一）混合式教学的保障制度体系

高职院校混合式教学的运行发展需要一个完备的保障体系，这一体系由内部保障体系和外部保障体系共同构成。外部保障体系的实施者主要是

各级政府部门、社会机构等。各级政府通过政策制定、规划实施、拨款投资、评估管理等方式引导高职院校混合式教学发展。相关社会机构通过提供平台搭建、融资、与高职院校合作等方式参与混合式教学实施与人员培训，为其注入活力和资源。高职院校作为内部保障体系的实施者和混合式教学建设的主体，主要负责对国家相关教育政策的实施以及校内相关教学工作的具体规章制定和操作。本研究着力于高职院校这一内部保障体系主体，通过对高职院校相关教学管理、组织系统、激励机制等方面的制度建构，来丰富和完善混合式教学的保障制度。

（二）混合式教学的保障制度内容

混合式教学的制度框架可分为三个阶段：一是策略阶段，解决混合学习整体规划和顶层设计的问题，包括混合学习的定义、宣传形式、实施范围、实施目标以及相关规划政策；二是组织阶段，解决混合学习组织实施问题，建立技术、教学、管理的框架体系，包括管理、模式、排课和评价；三是支持阶段，解决混合学习的实施保障问题，包括技术支持、教学支持、教师激励机制等。

根据高职院校混合式教学保障制度的体系构成，借鉴国外学者对混合式教学制度框架的分析和构建，笔者认为，混合式教学保障制度应由多重保障机制构成。具体而言，主要从教学管理制度、组织管理系统、技术保障制度和激励机制等方面来构建混合式教学的保障制度，通过各种保障制度的相互协调和促进，形成完善合理的保障制度体系，为混合式教学的发展奠定坚实的制度支撑。

二、高校混合式教学保障制度的建立

混合式教学在实践中面临的一些实际问题，既需要教师对混合式教学本质的把握，也需要学校管理部门在评价、管理、保障机制和网络环境系统上的完善和改进。网络教育在高校中的快速推进，对高职教育的发展和高职院校的办学行为产生了较大的冲击和影响。学校作为办学的主体，应密切关注混合式教学的发展动向和趋势，采取措施积极应对。结合当前国内高校混合式教学发展现状以及笔者实证调查，认为需要从以下方面构建混合式教学发展保障制度。

（一）健全组织管理系统

1. 重构混合式教学改革的顶层设计

目前国内开展混合式教学较为成熟的高职院校都成立了推进混合式教学发展的专门机构，如在线教育办公室和混合式教学工作坊，专门负责统筹各部门开展工作，并定期举行混合式教学的研讨会。这些专门机构和部门对于提升学校混合式教学的教学质量、保障混合式教学的有序开展起到了重要的作用。笔者认为，应借鉴相关院校的混合式教学组织管理机构体系，尝试建立一套以校—院—班为主体的三级管理机构。其中，"校"是以分管教学的校级领导为核心的决策管理部门，"院"是承接混合式教学任务的相关院系，"班"是具体开展混合式教学任务的班级。

混合式教学的有序开展，需要各相关部门的协调运转和通力配合。首先，校级管理部门负责统筹混合式教学发展的总体战略，承担全校混合式教学的质量监管和保障工作，负责本校相关改革政策的出台、相关管理文件的制定与监督实施，实现混合式教学的制度化管理，保质保量完成上级教育主管部门的工作任务。与此同时，加强同其他院校的混合式教学交流合作，实现协同发展和联动发展。其次，院系作为三级管理系统的中间环节，主要任务是落实计划安排，保证实施质量。根据高职院校的具体情况，合理安排教学任务，积极引导教师参与课程建设，并对课程实施情况及时做出评价和反馈。定期举办混合式教学工作研讨会或沙龙等活动，了解教学管理过程中出现的情况，听取教师、学生的意见和建议，不断改善部门的管理和保障职能。最后，班级作为混合式教学实施的最终载体，直接反映高职院校混合式教学的质量和效果。尤其是相关任课教师，要严格保证混合式教学的教学进度和教学效果，及时反馈并解决学生在学习过程中的问题。

2. 科学引领混合式教学的发展方向

目前国内许多高职院校都普遍存在重科研、轻教学的问题，对教学方面的人力、物力、财力投入，远远不及对科研的投入。此外，受制于经费、师资等原因，很多高职院校不具备大规模开展混合式教学的能力，这些都导致学校的教学水平和质量很难得到有效提升。因此，科学引导混合式教学，合理指导混合式教学的改革，是混合式教学良性发展的前提保证。

混合式教学的实施需要从教学发展的总体布局出发，从各学科、各专业的具体情况出发，从教师、学生的课程学习需求出发。要具体问题具体分析，不能为追求潮流而盲目开展。在适合开展混合式教学的课程中可以有步骤、有计划地开展，在适合继续沿用传统教学的学科上要保证传统教学的质量和效果。并非所有的课程都有进行混合式教学的条件，因此，学校在开展混合式教学的过程中应科学分析，实事求是。

（二）规范教学管理制度

1. 完善教学评价制度

教学评价活动作为教学管理工作的重要环节，规范和引导着教师的教学行为，是提高教学有效性、保障教学质量、推动教学改革、促进教师专业成长的重要手段。目前，传统的教学评价机制已经很难适应信息化条件下的教学理念和教学方式，因此，构建有效的混合式教学评价制度，对于创建先进的教学理念，促进教学方式的变革，有着积极的实践意义。

（1）改良三位一体的教学评价体系。目前高校普遍的教学评价体系是集学生评价、教师自评和同行评价为一体的多主体教学评价体系。学生评价，一方面可以较为完整、全面地反映学校学科的开展和教师的教学状况，另一方面教师可以通过学生的评价反馈及时查漏补缺，提高教学能力。通过学校教学管理系统进行的学生评价可以直观、便捷地反映出学生对某一学科和教师的评价和看法，因而学生评价成为各高校最广泛的教学评价方式。教师自评主要涉及教师对教学内容及实施效果的评估，是教师对自己教学的深入反思和回应。因此，客观、细致的自评对教师自身教学能力的提升有着积极的作用。同行评价是本学科教师对同专业教师进行的评价活动。规范、合理的同行评价可以提高教师队伍的整体素质和能力，增强教师之间的沟通与协作。

但是，在现实的教学评价实施过程中，三种评价方式都存在一定的不足。学生评价的非自愿性使得大多数学生对其评价持反感态度，尤其是多数学校教务系统的学生评价都为硬性规定，如不先提交教学评价就不能查询成绩等非人性化规定。这虽然可以保证收集评价信息的完整性，但往往忽视了学生自愿评价的意图，导致学生提交的评价可能并非真实想法。教师自评通常又和教师的职称评定等挂钩，这就很难在自评中发现真实问题，评价结果大多是良好，并不具备客观性。至于同行评价，往往又会涉及人情、面子问题，其评价结果大多也是流于形式。

有鉴于此，改良三位一体的教学评价体系的关键就是设立客观公正的评价机构。这一机构最好由德高望重、教学经验丰富的老教师、教授组成。通过他们的随机听课、随机走访学生和教师，可以较为客观、全面地了解教师的教学水平和教学效果。同时，将老教师、教授的评价纳入教师评价体系，并占据一定比重，而不是把学生评价、教师自评和同行的评价分数作为最终评价结果，这样可以在一定程度上弥补传统教学评价的漏洞和不足。

（2）确立"学习成果导向"的教学评价。标准教学评价标准的确定直接关系到教学评价的有效性和适用性。混合式教学强调学生的主体地位，它所带来的师生关系的变革势必导致教学评价视角的转变，即从教师的教学评价转变为学生的学习评价。目前，学习成果导向的教学理念已经成为欧美发达国家的主流教学理念，以学校内部质量保障为主的多主体质量保障形式关注学生能力的提高和个人发展的产出性评估。作为教育教学活动的主体，学生的声音应在评价中有所体现。

教学活动是教与学的有机统一，单纯的教与单纯的学都不能成为一个统一的教学整体。教与学是相辅相成的，教师的教学效果在很大程度上通过学生的学习成果展现，学生的学习成果也从侧面反映了教师教学过程中的问题。因此，在导向上，教学评价不应仅仅侧重于教，更应增加对于学生学习的支持功能，增加对学生学习有效程度的考量。同时，以学习成果为导向的教学评价也更加注重对学生个人情感、价值观念等非智力因素的关注和考察。因此，建立以学习成果为导向的评价标准，是对混合式教学模式中教学评价的有益补充。它既促成了教师教学观念的转变，也在一定程度上提高了学生的学习主动性和积极性。而其中对于学生非智力因素等方面的考察，也可以激发学生参与教学评价的热情和信心。

2. 创新教师培训制度

开展混合式教学，需要高职院校教师对混合式教学有清晰的认知和了解。无论是混合式教学所适用的课程，混合式教学自身优点的有效发挥，还是混合式教学的课程评价和实施，都需要进行有效的教师培训。同时，在线平台是不断发展的，其更新换代速度非常快，比如最新流行的VR技术，若将其应用于教学，将有着不可低估的作用。因此，面对在线技术的日益更新，更需要将教师培训制度化，以有效推动混合式教学的不断发展。

（1）建立校内与校外相结合的培训方式。教师在混合式教学中扮演着重要的角色。为混合式教学的教师提供高质量、高效率的培训，对于混合式教学的整体开展和教学目标的达成有着重要影响。积极建设校内与校外相结合的培训方式，在校内对教师进行基本的岗前培训，如混合式教学的基本课程安排、设计、网络平台使用等，使教师对混合式教学有基本而全面的掌握，达到校内培训后可以进行基本课程教授的目标。在此之后，逐步外派教师到国内混合式教学水平较高的院校进行能力提升培训，与相关院校达成委培协议，保证校外培训的质量。外派学习的教师回到本校后，可以开展多种形式的成果交流与信息互换互动活动，如通过交流研讨会、讲座等方式提高本校教师的整体素养，实现校外培训反哺校内培训。

（2）建立培训与服务相衔接的综合保障系统。教师的教学活动，从备课、上课到作业安排与课后反思，都是环环相扣、相辅相成的系统化过程。混合式教学的教师培训应是一个完整衔接的链条，不能仅停留在形式上的岗前培训，而忽视教师在具体工作中遇到的问题。培训的目的是使教师更加熟练地掌握课程设计、规划以及网络平台的操作，更好地为教学服务，提高教学效果。但在具体的实践环节中，难免会出现一些培训中没有

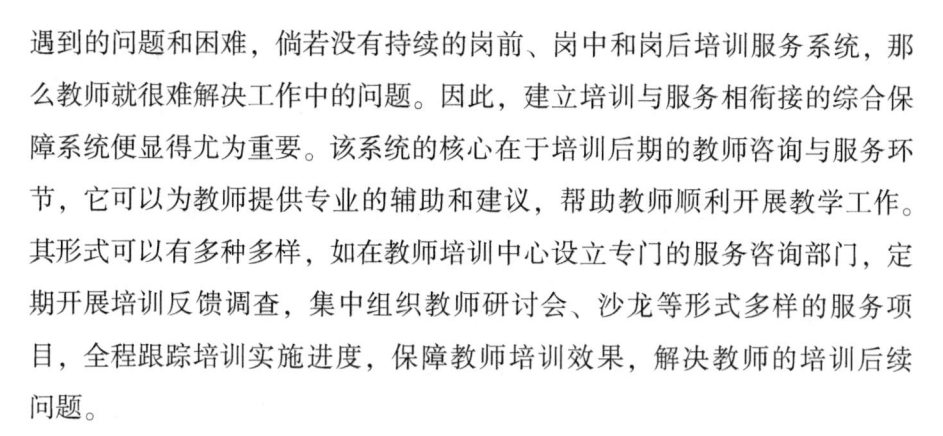

遇到的问题和困难，倘若没有持续的岗前、岗中和岗后培训服务系统，那么教师就很难解决工作中的问题。因此，建立培训与服务相衔接的综合保障系统便显得尤为重要。该系统的核心在于培训后期的教师咨询与服务环节，它可以为教师提供专业的辅助和建议，帮助教师顺利开展教学工作。其形式可以有多种多样，如在教师培训中心设立专门的服务咨询部门，定期开展培训反馈调查，集中组织教师研讨会、沙龙等形式多样的服务项目，全程跟踪培训实施进度，保障教师培训效果，解决教师的培训后续问题。

（三）夯实技术保障基础

技术在教育领域的主要价值体现在信息技术通常用于辅助教学和促进教育的革新。尤其是在信息技术与教育深度融合的契机之下，将技术应用到教学中的呼声越来越强烈。信息技术能够改善传统教学中优质教育资源不均衡的地域性及校际之间的差异，为教学水平的提升、教学方式的多样化发展和教育公平的实现提供有力支撑。混合式教学作为信息技术发展到一定阶段的产物，自然离不开技术层面的支持与保障。以国内混合式教学发展趋势来看，教学模式、教学设计、教学活动等方面主要是受到教育技术新思想、新理论、新技术的指导和支持，很大一部分都是以教育技术工作者和教师为主导开展的教学改革和实践研究，因此，教育技术支持在混合式教学中起着非常重要的作用。混合式教学的发展和有效运行，以信息技术的进步为基础。这种教学模式是将传统教学与在线教育进行融合的复杂教学模式，需要依靠技术展开教学、组织讨论交流，完成教学评价等任务。具体而言，相关技术保障包括信息设施设备的建设、在线平台的建立与维护以及专业开发人员和技术团队的辅助。

1. 加强和完善高校信息技术设施设备

首先，要增加物力投入，完善硬件设施建设，配备现代化的教学设施，提高多媒体教室、电子阅览室的效能。混合式教学作为依托网络教育平台的新型教学模式，相比传统的面授课堂，需要更多的教学设备和环境支持等一系列要素保障，教学成本会有所增加。这就需要学校相关部门在财务预算及拨款安排方面有所倾斜，为混合式教学课程的开展提供充足的物力、财力保障。目前，许多高职院校的网络设施建设相对滞后，还无法实现全校范围内的无线网覆盖。因此，高职院校应积极建设校园无线网，让学生可以随时随地享受网络的便捷优势，为学生线上学习提供网络支持。

其次，要加强在线平台建设和使用。网络教学平台是高校利用混合教学模式开展教学的重要载体，它为混合式教学的实施提供了重要媒介。网络教学平台的运行状况与混合式教学的顺利实施密切相关，一个成熟稳定的网络教学平台是网络教学的先决条件。但是，多数学校的平台并不能适应学校自身和学生学习需求，因此高校应根据自身特点，打造具有本校特色的网络在线平台，同时积极参与高校间的平台交流和共享。

最后，网络平台的建设是包括教育教学、监督控制、评价管理等于一体的复杂系统。除了上述相关的基本运行机制之外，还需要进行网络教学平台系统建设、网络技术环境以及日常维护、教学教务管理平台建设、信号传输控制等支持服务系统的构建。

2. 组建和优化专业技术团队

作为开展混合式教学最重要的在线教育平台，其安全、稳定的运行关系到整个混合式教学的顺利开展。开展混合式教学，不单单是任课教师的任务。作为一项复杂而系统的教学模式，混合式教学的开展需要来自学院、教务处、培训中心等多方机构和管理人员、技术人员的相互配合和支持。具体而言，混合式教学既需要教师、助教对课程内容、进度的设置和审核，也需要专业的技术团队来做后期的制作和维护，以确保网络平台的顺利运行。因为教师的主要任务在于课程的教学、线上线下的答疑解惑以及学习探讨，虽然教师可以完成相对简单的上传课程或编制课程安排等任务，但对于较为专业和复杂的课程网络设计运行，网络后台检测、平台管理与运营等任务，既缺乏专业知识，也缺少足够时间来摸索和操作。一旦相关网络平台出现故障，如果没有专业的维护技术团队，势必造成课程的停顿，扰乱正常的教学秩序。因此，高职院校有必要聘请和组建专业的技术团队，确保混合式教学的顺利展开。

(四) 建设动态激励机制

明确相应的激励和淘汰机制，保证混合式课程教学价值的实现，对混合式教学的发展具有积极的实践意义。混合式教学作为一种受到高职院校青睐的教学模式，虽然并不是一个全新的概念，但是从推广到实施还需要经历复杂的过程。其中最主要的一个环节便是如何使教师对其形成科学的认知，并在教学中开展积极的实践。教师作为混合式教学过程中的积极引导者，对混合式教学的顺利开展起到不可替代的作用。对于教师而言，认可并主动实施一种新的教学模式的主要动力来源于学校对教师的激励与保障措施。通过对教师的教学理念和行为进行积极引导和干预，是混合式教学得以有效开展的重要途径。当前很多高职院校在职称评定、绩效考核等方面主要还是看教师的科研成果，对于最基本的教学并未予以重视，更不要说需要教师花费更多时间、精力开展混合式教学了。对于混合式教学而言，一方面学校缺少相关的宣传工作，教师因此缺乏对混合式教学的科学认知；另一方面学校缺少对教师的积极鼓励与引导，导致很多教师宁愿选择更为熟悉的面授课程、采用更为省时省力的课件教学，也不愿意花费更多的时间和精力投入混合式教学，因为这些"慢工出细活"的工作往往不能给他们带来现实的利益。

因此，高校应从多方面为教师提供便利和优惠，鼓励教师进行混合式教学改革与探索。一方面，高校应当本着物质奖励与精神奖励相结合的原则，对已通过评审的混合式教学课程教师给予较高的补助，并对该课程资助项目经费，用于后期的完善和改进。另一方面，在对教师提供相应激励措施的基础上要鼓励教学效果较好的教师适时申报课题立项，并可作为将来职称评定和评优评选的条件，这也有助于打破高校重科研、轻教学的倾向。同时，学校也要明确认识到激励不足或激励不当也容易造成教师教学效果的欠佳。如何正确把握激励的尺度，也需要相应的教学评价规范约束。因为教学评价本身就具有激励效应，当教学评价的外部激励性措施能够经由教师的反思性认可与审查达到一种内部自觉行为时，教师就可以更好地开展混合式教学了。

第六章

网络教学资源库在高职教学中的应用

第一节　网络教学资源库在高职教学中存在的问题

教学资源库是将各种形式的资源按照一定的要求，进行归纳、整理、储存，主动支援教学计划，配合教学活动来建立以学生为中心的学习环境，使高职教师和学生具有寻找、分析、判断、决定、实验、综合、应用与创造资料的可能。教学资源库的功能包括资源采集、资源验证和入库、资源检索、资源浏览和下载等。建设教学资源库是为了整合优秀的教学资源，如本校优秀课件资源、本校特色资源、其他资源等，从而实现资源的共享，达到提高教学质量的根本目的。

根据高职教育的特殊性，高职教学资源库建设的依据，是符合国际国内标准的技术规范和高等职业技术教育课程的内在逻辑关系。高职教学资源库建设的领域包括显性与隐性两个方面。

显性资源就是一些静态的、客观存在的信息资源，隐性资源包括存在于个人或组织中的富有个性化、创造性、有价值的隐性知识和能够提供智慧能力与体力能力的教师、学习伙伴和专家等人力资源。高职教学资源库需要具备教学资源动态积累、管理、共享、使用和评价的功能，需要整合校内的教学资源，为教学资源的建设、积累、共享与使用提供技术平台的功能，包括基本功能与扩展功能。基本功能就是资源采集、资源验证和入库、资源检索、资源浏览和下载等；扩展功能就是资源库的学习功能和社会功能。高职教学资源库建设的目的是让学生通过资源库提供的资源不仅掌握所学知识，更让其学会学习，促进他们身心和谐发展以及能力素质的提高。同时，高职教学资源库的建设也是为了促进教育技术与高职教学课程的整合，为创新教学模式提供有力的支持。

综上所述，笔者认为，高职教学资源库是依据符合国际国内标准的技术规范和高等职业技术教育课程内在逻辑关系构建的，具有高职教育特色和校本专业特色的，由静态、客观的显性资源和基于网络环境的高职教学资源库建设的研究动态、主观的隐性资源构成的，具有资源检索、浏览、下载等基本功能和学习、交流等扩展功能的教学支持系统。

我国职业教育信息化资源建设与共享取得了很多成绩，国家立项的数量初具规模，库内资源数量可观，资源的推广应用也日趋普遍和深入。网络教学资源库在帮助高职学生自主学习、为高职教师提供教学辅助方面起了重要的作用，为促进高职教育质量的提升提供了有力支撑。但面对当前高职教育创新发展的新要求，网络教学资源库还存在诸多不足。

一、存在的问题

（一）整体水平偏低

目前我国教育信息化的覆盖面在不断扩展，在某些发达地区，网络教学资源库的建设与应用已经达到较高水平。但是从整体发展状况分析，教学资源库的建设还存在一些问题，具体表现在基础设施的效用发挥、资源结构、应用层次三方面。

1. 基础设施未充分发挥效用

现实中，高职教育领域宽带和校园网已经实现基本全覆盖。规模虽然不同，比如天津工程职业技术学院拥有千兆校园网，而甘肃的某些学校刚接入100M带宽，但都实现了与外界的联系；其网络拓扑结构也是合理的，能够满足基本使用外部信息资源。尽管如此，高职院校发挥基础设施的功能方面还存在比较突出的问题。一方面由于在硬件设施建设的投资是显性的，许多高职院校在校园信息化建设中存在着严重的重硬件建设轻软件建设的问题；另一方面在较大投入建设硬件基础设施后，又没有充分发挥其效用，如很多校园网的主要用途不是共享优质资源，进而推动教与学的变革，而更多只是访问互联网。

校园网参与教学活动的范围取决于它的连接终端的位置，缺乏外部配套设施建设将涉及校园网络不便的教学活动，还会阻碍高等职业教育信息化的进程。校园网的功能没有充分发挥，有相当一部分处于闲置状态。大部分仅用于科研查询，其余小部分应用中，仅仅作为消息发布系统、管理系统在使用，只有一部分用于辅助教学。

2. 信息化资源结构性短缺

硬件设施是信息化的基础，软件和资源是信息化应用的灵魂。目前国内高职领域资源库里资源数量不可谓不多，但内容与架构混乱，缺乏统一的标准，在某些学科教学中，直接的网络多媒体课件和少数课件的教学活动课件分散在个别教师手中，没有统一的标准课件建设，缺乏系统的规划和管理，产生了大量的信息孤岛，存在着共享教学资源的困难。

3. 信息化资源应用浅层次简单化

高职教育信息化资源用户在网络应用方面还是以E-mail、即时通信为首要目的，其次是文字处理。这与国内整体网络应用趋势是一致的，体现了网络应用中的社会化趋势，即网络为人与人之间的交流、知识共享提供了有效的支持。但是，这种即时发送和接收网络信息的行为是远远不能支撑学习和教育的。教育信息化资源的核心是共享，而且是整体的、全面的、系统的应用。在高职院校，信息化资源应用水平还有待提高。特别是践行"以学生为中心"的教学理念时，学生的网络行为方式应该不仅局限于即时通信、文字处理、网页浏览等门槛较低的信息化资源应用范围和程度。当然，教师的信息化资源应用水平是促进信息技术与教学深度融合的关键，教师资源应用能力提升的重要手段是培训。信息化资源既是提升教师信息素养和能力的培训内容，又是培训的辅助支撑。要利用资源共享服务平台，建立一个新的体系，汇集资源信息，促进资源交易和交流，开发微课程资源，以满足教师的职业个性化学习需求。

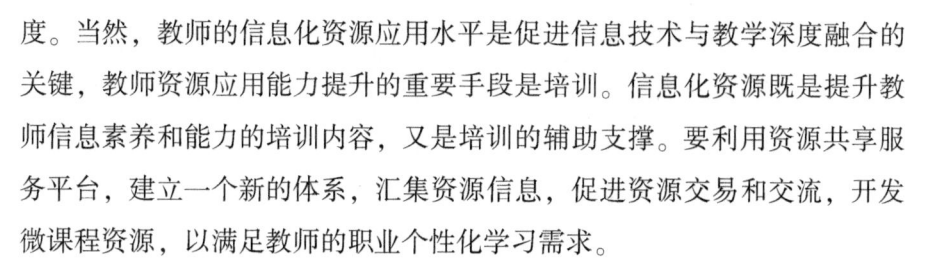

（二）资源开发与分布不均衡

调查发现，我国不同区域的职教信息化资源建设重点与成效存在较大差异。例如，北京通过国家教育资源公共服务平台职教频道提供全国职业院校学习交流，建设了覆盖加工制造、交通运输、土木水利、信息技术等大类若干专业的职业教育精品教学资源；依托职业院校信息化教学大赛及相关行业教学指导委员会，开展了职业教育精品资源的推广应用工作。

从地区来看，资源分散，普遍存在纵向部门的网络系统比较强，而横向的互联互通比较弱的现象。不仅如此，分散独立的网络资源的建设，学校和研究机构因为专业、网络技术的局限性和使用对象，只可以在小范围内共享网上资源库，并且不同的软件开发资源平台，硬盘不能兼容互换和共享资源。独立分散的网络资源，给用户带来了诸多不便。

（三）资源质量不高

教育信息化资源，包括各类电子音像材料、宣传材料、课件、案例、文献、考试和教学工具。然而，教育应用程序通常从一个单一学科、单一功能的设计点进行，各学科之间缺乏联系，无法形成统一的整体，各种教学资源不能很好地兼容。同时，因为目前还没有有效的管理机制，大量的高品质的课件、资源和材料分散在教师手中，造成极大的浪费。教学资源库呈现低水平、单一重复建设，大多是教材积累的内容；缺乏企业参与，主要由学校教师完成资源库的建设，很难从学科体系框架中跳出；占有率不高，互动性不强，导致利用率低；资源库的内容主要集中在教学服务，并不能反映学生的道德教育的内容，很难突出职业教育以学生为本的理念；缺乏可持续发展，初步建设完了的随访资源库内容后，没有考虑如何增加、减少、更新和互动，资源库建设没有体现可持续发展。很多高职院校的 IT 应用还仅仅停留在低层次的书籍、教科书和传统课堂到电脑屏幕的低水平上，没有一批高质量的课程资源、实训虚拟软件应用到教学过程中。网络课程的性能还不够完善，形式不够灵活，内容相对滞后，吸引力和点击率有待提高。自主学习资源不足，展现教学内容时，忽略了学习环境设计的重要性，不利于调动学生的积极性，缺乏同步互动。同时，由于缺乏教育主管部门或学科协作统一规划和研究，造成了资源的极大浪费，严重制约了教育信息化进程。

（四）资源共享机制及公共服务体制不完善

高职教育信息化资源的共享及其社会协调机制是影响和制约高职教育信息化的重要因素，需要进一步从政策层面上予以新的突破，保证资源的建设与应用形成良性的运行机制。长期以来的政府部门条块分割、信息孤岛现象严重，数据资源共建中的运行、协调、维护工作的组织承担主体不明，资金来源渠道不稳定，数据资源共享的规则、流程不统一，资源公共服务体制仍有待完善。当前在实现资源共享上还有许多障碍，如不同的网络平台，各高职院校可能同时存在各自开发的现象，但又无法兼容，因此难以实现资源共享。信息资源共享是一项系统工程，它不只是 IT 可以实现简单的数据交换，还需要政府通过管理手段不断优化组织结构、管理职能、运行模式、工作流程等方面，进行调整改革创新，促进管理方式的转变，以最大限度服务公众。高职教育信息化资源共建共享的发展状况，在一定程度上可以说是我国职业教育乃至教育信息化资源共建共享发展状况的一个缩影。随着政府职能转变和信息技术的发展，加快高职教育信息化资源建设，实现各部门、各行业相互协作与合作以及信息共享和信息资源共享的市场机制，以向公众提供一站式的服务中心，已成为当前信息化建设的迫切要求。

二、原因分析

在国家产业结构调整的当下，随着就业准入制度的建立，就业岗位的技术含量和就业质量将发生根本性变化，终将给高职教育带来更大的生存与发展空间。但由于我国职业教育资源建设起步较晚，还存在诸多问题。产生问题的原因是多方面的，涉及政策制度、技术水平和思想观念等。

（一）高职教育的特殊内涵

与培养理论型、学科型人才的普通高校不同，与培养单纯技能型人才的中职也不同，高职教育是培养生产、建设、管理、服务第一线的高级技术应用型专门人才的。高职教育不仅重视基础专业课，而且强调岗位实训能力和组织能力，这种特殊的人才培养目标决定了教育资源建设的内容及功能上都应加强实用性、实践性。从内容看，包括以加工制造、电子信息、农林牧渔及其他类等大类专业为主，满足各类专业核心课程教学需要及更广泛专业领域的网络课程、数字教材、虚拟仿真教学软件等差异化增值资源和服务。这些特色需求及高水平要求，超出了目前高职院校网络资源建设的能力，因此出现资源质量偏低的问题。

（二）高职教育信息化资源用户的特殊性

高职教育要想成功进行教育信息化，还需要将教育资源融入计算机技术、信息技术、网络技术等，这对高职教育的教师开发教学资源提出了较高的要求，他们应该具有一定的信息技术能力。目前高职教师双师型比例还未达到50%的要求，在承担教学和实训任务的同时再开发和应用资源，无疑会增加负担，降低应用效果。很多地方应用型本科院校由于就业的压力，决定走职业教育的办学模式，对高职学校带来生源危机，使招生来源多样化。特别是，高职学生包括普通高中毕业生、职业高中对口毕业生、五年一贯制初中毕业生，在基础知识、接受能力方面的差异很大，作为资源用户普遍存在文化基础薄弱、信息技术能力参差不齐的问题，因此，对那些界面不够友好、使用步骤繁复、格式转换多端的资源存在着较大的应用困难，从而导致不用、少用或粗浅应用。

（三）高职教育信息化基础设施的制约

教育网和相互连接的电信垄断企业的公共网络未完全实现互联互通，使教育网与公网互联的进展存在一定的困难。由于带宽的限制，在一定程度上影响了教育信息化发展的步伐。此外,互联网接入费用也在一定程度上影响了高职教育信息化的资源共建共享。

(四) 高职教育信息化资源建设经费保障机制有待优化

近年来,各地政府非常重视职业教育,不断加大信息化建设经费投入。但是,与普通本科教育相比,各地政府对高职教育信息化资源建设经费投入仍明显偏低。因此,一定要完善高职教育信息化资源建设经费保障机制,不断加大投资力度,为高职教育建设一个先进的教育信息化资源库。

第二节 网络教学资源库在高职教学中的发展

一、高等职业教育信息化资源共建共享目标

(一) 总体目标

依托计算机网络和其他先进的信息技术,建立一个融信息资源共建、共享于一体的高职教育资源服务体系,促进公共信息资源共享和开发利用,提升公共服务信息化水平,最大限度地满足用户对高等职业教育信息资源的需求,推动高职教育信息化水平不断提升,带动高职教育现代化,为培养具有综合职业能力的、为生产和管理第一线服务的应用型、技术型人才的高素质就业者服务。

(二) 共建共享的利益主体

高等职业教育信息化资源的建设立足于提高全民信息化意识和素质,培养技术精湛、应用型的专业人才,使人们对终身教育、终身学习的价值诉求得到满足。作为资源的共享主体,其具体受益方式涵盖以下四类。一是服务于职业教育学校及管理部门。开展职业教育信息化资源共建共享,以办公自动化系统、教务管理系统、网络教学系统、数字图书馆系统、一

卡通系统、信息发布系统、物流服务体系的便捷服务为宗旨，加快职业教育信息资源平台、教学资源平台和交流平台建设有序实施，智能化采集、存储、管理和检索，促进职业教育和个性化的"一站式"服务，促进高等职业教育教师队伍建设。通过提供丰富的资源和规范化的课程，提高教学水平和教学质量。以资源共建共享，增强高职教师的信息意识，提高教师队伍的信息技术应用能力。二是满足高职学生的学习需求。高职教育信息化资源注重学科的专业性和实践性。通过突出特色、发挥特长，满足不同的职业领域的专业资源建设，在线完成作业和量规自测，起到有效辅助学习和提高效果的作用。同时，适应移动通信技术的发展，建立一个移动学习平台，以满足多样化的学习需求，促进人的全面发展。三是服务于高职学生家长及社会企业。高等职业教育信息化资源共建共享的受益者还包括学生家长，帮助其消除偏见，有效利用资源帮助孩子成长。四是企业可以充分利用网络资源开展职业培训，企业职工还可以通过信息化资源，自主学习，提高职业技能与素养。

（三）具体目标

建设高职教育资源库，具体包括高职教育专业学习和社会服务资源。专业学习含有专业、课程、微课堂、培训和企业案例、资源中心等教学资源；社会服务应含有校企结合、文献信息导航、社会服务等成分。教育信息化公共服务平台建设的核心理念是公共服务。因此，在技术选择上，需要聚合依托先进的网络技术，多终端，广覆盖，开展高等职业教育资源建设，服务多元化的学习用户，真正使现代信息技术深度融入高职教育教学，让高职师生课堂用、普遍用、喜欢用。制定公共信息资源开放共享管理办法，推动信息资源开放，推进优质教育信息资源共享，实施教育信息化"三通工程"，提升民生领域信息服务水平。资源信息是推动教育现代化的重要举措。在教育信息化的过程中，形成的资源信息共享模式的数字化是基础，整合职业教育的其他资源投入数字资源库中，有利于对学生进行全面的教育和培训，有效地服务于高职教育教学。

二、高职教育信息化资源建设模式

高职院校信息化建设的内涵非常丰富，涵盖了教育活动的几乎所有方面。考虑到不同机构教育信息化资源建设的过程中，存在进展差异，有必要整合业务系统结构中的每一部分，还需提供用于后续开发的信息技术标准。既包括内容、服务和使用，支持为所有的用户内容和服务的开发，还要支持多平台参与和评估的模型，尤其要考虑到人工辅助技术的需求。高职院校的教学资源随着三维计算机图形等视觉技术的应用，课程设计任务必须由技术专家和设计、生产团队协作完成。网络建设是信息化的重要组成部分，也是实现信息化的基础和前提条件。升级现有的教育网、校园网，支持中国联通、电信、移动全网覆盖，实现三网融合。此外，该平台还包括基本的网络中心的建设，集成多媒体教室、语音室、网络教室、CAI教室、虚拟实验室、人工智能实验室、电子阅览室、终端设备。要实现高职院校信息标准规范，制定实用性和通用性的行业标准。

教学资源库作为主要的教学软件和硬件资源，包括多媒体材料、各种CAI课件、电子教案、教学案例、在线课程、考试、电子文档、搜索工具等。教学资源库还包括以日常管理为主的业务系统，如数字图书馆、学校管理系统、教务管理系统、教学学习系统、办公门动化系统等。其中，教育管理体制、教育学习系统和办公自动化系统是教育信息化工程起步阶段的基础。面对新形势下职业教育发展的要求，高等职业院校可以通过信息资源共享平台建设，优质教育资源推送，促进机制的完善，更好地服务于高职教育教学与管理，形成信息技术与教育教学相互支撑的良好局面。

（一）完善系统设计

高职教育信息化资源建设在整体设计时，应全面考虑内容功能、使用方法等，要完善资源搜索，提供普遍性与个性化相结合的服务。通过对学生学习记录的测评，推送适合的资源，辅助学生学习。建设资源库时，要注意丰富其属性，便于检索、发现。资源库与资源池建设相结合。资源库是结构化的资源集合，能够提供示范引领专业资源建设。而资源池是颗粒

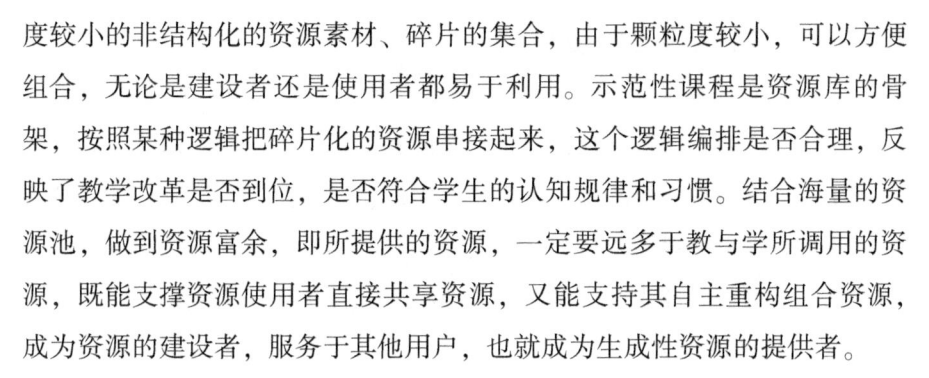

度较小的非结构化的资源素材、碎片的集合，由于颗粒度较小，可以方便组合，无论是建设者还是使用者都易于利用。示范性课程是资源库的骨架，按照某种逻辑把碎片化的资源串接起来，这个逻辑编排是否合理，反映了教学改革是否到位，是否符合学生的认知规律和习惯。结合海量的资源池，做到资源富余，即所提供的资源，一定要远多于教与学所调用的资源，既能支撑资源使用者直接共享资源，又能支持其自主重构组合资源，成为资源的建设者，服务于其他用户，也就成为生成性资源的提供者。

（二）坚持需求导向

在高职教育信息化资源建设方式上应以需求为导向，坚持应用驱动，规范专业化流程。这方面可以吸收借鉴加拿大的资源建设做法，成立课程专家、教学和科研人员组成的专业团队，开发制作资源。以第三方评价与反馈体系定期评估资源内容与用户需求的符合度。另外，还设有负责支持服务的专门团队，解决技术问题，确保资源建设高效开展。信息化资源建设的最终目的，是能够为学习者所应用。因此，信息资源库要提供可以随意组合的知识，形成颗粒度较小、海量存储的资源池，通过不断丰富网上资源池，实现资源按需要的重组与整合。特别要立足于高职教育特点，构建以岗位需求为依据的实训资源平台，为高职教育的实践教学提供条件和保障。在此过程中，要鼓励教师与信息化技术人员积极合作。同时，各高职院校间畅通信息化资源互换渠道，探索资源交换、交流、交易机制，可以组建共建共享联盟，即由高等职业教育教学资源建设、应用的有关单位，如高职院校、学会、协会、研究机构、行业企业等，在自愿的基础上组成战略联盟群体。联盟内院校基于资源库实现学分互认，鼓励学生使用资源库学习，学生不一定必须上学校里的课，而是可以利用资源库学习示范性课程，最终接受统一测评，考核通过后认定学分，以此推动资源库的广泛使用，避免资源的重复建设而造成人力、财力的浪费。联盟内的成员单位还能发挥互补、协同、集成、融合的优势，共同推进高职教育信息化资源的共建共享。

(三) 遵循资源生成原则

资源公共服务平台是汇聚共享教育资源，衔接建设与应用的重要载体。由于高职教育的特殊性，在教与学的互动过程中，在网络教育社区的交流中，都会形成大量的生成性资源。因此，要按照若干原则生成与应用这些资源，才可能最大限度地实现资源的集约共享，推动资源建设与使用者互动，形成面向课堂、面向教学、面向师生的资源服务云模式。

1. 开放性原则

共建共享的开放性表现在面向全部学校，即每个学校共享自己的优质资源，打破学校、地域间的壁垒；面向全社会，即吸引非教育部门和大众的参与，如科研、博物馆、科技馆、图书馆、出版社、非教育技术企业等；面向全球，使用全球范围内的（免费）优质资源，不重复开发（如WISE，KNILT）；面向各种技术平台和资源类型（如课件、教案）使用。高职教育信息化资源的共享可以采取多种形式，最重要的是共享机制的实现。

2. 可持续性原则

提高教育资源信息化整体应用水平，避免孤立开发立项，彻底消除信息孤岛。资源采集采取分布性，资源建设要吸收用户参与，资源的共享在使用中生成用户评价和推荐，在使用中评估教育要素和数据共享。

3. 创新性原则

将资源的创新性建设与共享作为开发和研究的重点是指创新性原则，包括通过资源共建共享，教师能够基于探究，成为共同学习者和合作者；学生能够了解、分析各自在各学科领域的学习理解和进展结构，为知识建构支架；在创新性原则的指导下，师生能够增进对资源生成与应用的理解和实践，推动教师的专业成长与学生的全面发展。

4. 合法性原则

教育资源建设涉及版权、个人隐私及内容分级。在高职教育资源建设中应严格遵守法律法规，对于优质资源，可以采取购买版权的方式。

第七章

基于智慧课堂的基础构建与教学创新

第一节 智慧课堂的内涵与特征

互联网+时代信息技术发展突飞猛进,为高职教育的发展带来了前所未有的机遇和挑战。传统的课堂教学模式难以适应互联网+时代的要求,不能满足社会日益增长的应用型人才需求,课堂急需注入智慧的力量。因此,以大数据、云计算、物联网为主导的互联网和新媒体为现代课堂教学模式的创新发展提供了新思路、新途径和技术支持。现代教育教学与信息技术深度融合,MOOC、在线学习、翻转课堂等依托互联网的新技术越来越多地应用于课堂。在互联网+时代的背景下,现代课堂教学改革逐渐具有互联网意识和创新思维,随着智慧被运用到教育领域,出现了一系列教育新词汇,如智慧校园、智慧教室、智慧课堂等。

因为课堂是教学的第一现场,所以智慧课堂的研究也成了智慧系列重中之重。任何新型的教育动态都包含两部分:理论和应用。智慧课堂的研究也不例外,理论方面主要阐述了智慧课堂内涵、特征、模型等;应用方面则研究了智慧课堂的技术应用和信息技术背景下智慧课堂的实践探索。

一、智慧课堂的理论研究

随着互联网技术教育领域的应用和互联网+概念的提出，国内对智慧课堂的研究开始逐渐增加。智慧教育一词起源于IBM公司提出的智慧地球（Smart Planet）的概念，智慧地球是说地球在得到新型技术力量的支撑后，所有事物都能得彼此感知、互联，从而达到智慧化。通过对文献的分析和整理发现，国内外在智慧课堂的理论研究方面主要集中在智慧课堂的概念、特征、功能及理论模型上。

（一）智慧课堂的概念研究

课堂是人们既熟悉又不熟悉的地方。熟悉是因为任何接受过学校教育的人都出入过课堂，都能对课堂进行描述；不熟悉是虽然与课堂关系密切，但人们很少关注和研究课堂，也无法确切地说出课堂是什么。《辞海》中是这样描述课堂的：教室在用来进行教学活动时叫课堂，指的是进行各种教学活动的地方。因此，很多人把教室称为课堂，这是人们对传统课堂的认识。

而智慧课堂的概念是在智慧教育的背景下衍生出来的，国内外对于智慧课堂并没有统一的概念。不同的学者对智慧课堂有不同的定义与描述，有人主张智慧课堂就是智能的课堂，有的主张智慧课堂就是翻转的课堂等。虽然表述略有不同，但其目的都是希望通过运用信息技术来弥补传统课堂存在的不足，为国家的发展提供更加优质的人才。

由此可以看出，学者基本上是从信息发展的角度来思考智慧课堂的，对于课堂中的师生情感关注较少，缺少从智慧生成角度描述智慧课堂。

（二）智慧课堂的功能、模型研究

智慧课堂模型包含了准备、探究和行动三个阶段用以方便教师有效应用数据。要组建一个数据团队，任命教育管理者和教师为其成员，从而帮助在课堂上更高效地使用数据。教师要研究学生的数据，筛选焦点问题，以满足学生需求为目的来确立课堂解决方案。智慧是数据、信息和知识的转变,需要利用相关的背景、情境作为资料支持来完成从数据、知识、信息到智慧的转换。智慧需要知识、信息、数据等面向过去的经验,才能面向未来进行创新。要想成为这样的人才,需要学习者将智能、机智和智慧融于一身。

二、智慧课堂的应用研究

智慧课堂是信息技术发展过程中的产物,所以研究智慧课堂的应用主要从新技术的应用、信息化教学实践探索两方面进行。

(一) 新技术的应用

1. 物与网连接的时代:物联网技术的应用

物联网 (the Internet of Things,IOT),又称为传感器网络,被称为信息技术的第三次革命。物联网不是简单意义上的数据、信息,而是在物理、数字、人类三个世界之间建立起了一种语义的连接和交流,从而有效地把人与人、人与社会、人与万物之间联结成一张特殊的网。物联网教育资源和传统的静态多媒体资源有根本不同,它具有各种数据源、数据流接收持久、数据传递及时、数据安全维护复杂等特点。因此,物联网教育资源库系统根本不能直接使用传统的教育资源库系统,需要建立新的模型读取、解析、转换、转发数据。物联网技术可以拓展课外教学,通过对物联网技术及应用的实地参观、接触,帮助学生获得直观的体验,从而激发学生的学习兴趣,拓宽学生视野。物联网技术还可以应用于图书管理、学校安全管理等。例如,RFID 用于图书管理,通过 RFID 查找图书;用于实验设备管理,可以跟踪设备的位置,查询使用状态。

2. 互联网的云时代:云计算技术的应用

云计算是近年来发展迅速的信息技术,为了加快云计算的发展,云计算具有清晰的服务构架,不同类型可以分为基础设施即服务 (IaaS)、中间层平台即服务 (PaaS)、应用层软件即服务 (SaaS) 三个层次。在教育中应用云计算技术可以降低资金投入节约成本,扩大资源覆盖面提高资源共享程度,避免硬件维护提高数据安全性。

3. 实证的时代：大数据分析技术的应用

大数据（Big Data）引发了 21 世纪的风暴。大数据是指蕴含着巨大价值的、可有效利用的、多样化的海量数据组合。根据国际数据信息公司（IDC）的分析，世界各地的信息正以惊人的速度增长，每两年翻一番。大数据具有许多属性，更具代表性的是 6V 属性：巨量（Volume）、高速（Velocity）、多样（Variety）、稀值（Value，价值密度低）、真实（Veracity）、迅变（Variability）。当然并不是只有同时具备六个属性的才是大数据。大数据不仅使用收集的数据来处理教育过程，而且以新的方式将数据组合并用于教育系统。在现代社会中，大数据在教育领域的应用主要是学习分析技术和对学生评估。学习分析主要涉及学生的学业分析、行为分析和预测分析。基于大数据，学习分析技术能帮助教师和学校更好地理解教与学，使教师和学校能创造适合每个学生需要和能力的教育机会。大数据运用于学生评估，主要解决了传统评估方式内容太过单一、片面的问题。大数据可以支持教育评估改革实践中倡导的多元化评价取向，使学生的评价结果趋于客观。

4. 互联网的无线时代：移动互联网技术的应用

移动互联网是移动通信技术与互联网技术相互融合的产物。一般而言，用户使用诸如手机、iPad 无线终端通过具有更高速率的移动网络来访问因特网，并在移动状态下使用因特网网络资源。移动互联网技术应用于教育领域，将会使教育传播媒体从相对固定到即时移动，教育交流的范围从单一隔离到多重开放，教育传播模式的范围从单向输入到多维互动，从而出现了教育移动互联网环境下教育传播的三重转向。移动互联网使数据获取的方式更灵活，增长的速度更快，服务的方式更直接，思维模式和工作模式也更加便捷。与传统教育不同的是，移动互联网技术可以通过技术手段获得不同学习者的各种差异数据，使移动学习具有完全区别于传统课堂教育的个性化特点。与面对面交流相比，移动互联网技术可以跨越空间和时间，从而降低教育成本。

（二）信息化教学课堂实践探索

随着互联网技术的发展，信息化教学呈现出迅猛发展之势。越来越多的高职院校和教师在教学中尝试运用技术手段去创新。近年来，以微课、慕课、翻转课堂为代表的信息化课堂席卷全国，成为一种时尚的教育模式。

1. 微课

关于微课，从不同的学科或教学实践的角度出发有不同的陈述。但是其内涵是共同的，即"目标准确、时间短、内容短而精细、视频是主要载体"。微课的盛行可以追溯到2006年，这一年美国人可汗推出可汗学院（Khan Academy），之后越来越多的美国学生在家利用可汗学院的视频学习新知识。从可汗学院的角度看，微课是指通过微视频和相关学习材料帮助学习者独立、完整地学习知识的活动。在传统课堂中，教师不可能满足所有学生的学习需求，微课内容精、形式微，有视频也有PPT，时间较短，一般能够控制在5~10分钟，一般针对某个知识点做讲解，目标非常明确，方便学生根据需要自主进行学习，提高了学习效率。微课能够满足学生进行个性化学习的要求，让学生可以查漏补缺，巩固知识。微课对传统课堂教学进行补充和拓展，其为教师提供了集上课、辅导、教研为一体的移动教学功能，学校可以利用微课平台，依靠教师的力量，制作以学习为基础的课程资源。

2. MOOC（SPOC）

MOOC是英文"Massive Open Online Course"的首字母缩写，翻译过来就是"大规模开放在线课程"。与传统课堂相比，MOOC具有规模大、开放性、网络化、个性化等特点。美国先后推出Coursera、edX和Udicity三大MOOC平台，向世界范围的学习者提供开放优质在线教育资源。我国一方面加入三大平台，另一方面也积极开发应用自己的MOOC平台，如清华大学的"学堂在线"、上海交大的"好大学在线"、"网易课堂"和"慕课网"等MOOC平台。在MOOC中，学习者在教学视频的学习中能保持最优的注意力，使得学习者学习课程知识点的效率最高。

近些年来，随着对MOOC的开发和研究不断深入，在线课程的一些弊端逐渐显现出来，如学习的孤独、学习的迷茫、学习内容的枯燥等问题，紧接着在线开放课程的研究进入了后 MOOC 时代 SPOC（Small Prioate Online Course）。SPOC 教学模式是在 MOOC 基础上发展起来的，又称小规模限制性在线课堂。它将 MOOC 丰富的教学资源应用于小范围的实体教学中，将网络课程资源回归到实体校园和课堂教学中，缩小了学生的规模，同时与传统实体课堂相结合，使教育的开展更加集中，更具有针对性，大大提高了教学质量和效率。

3. 翻转课堂

对于什么是翻转课堂（Flipped Class），学术界并没有一个统一的定义。道森（Dawson）指出，翻转课堂有三大特征：将大多数的信息传递内容移到课外，利用课上的时间进行积极的知识内化，需要学生自主完成课前课后活动。翻转课堂借助现代先进的信息技术手段，将"知识传递"的过程移到课前，学生在课前通过观看老师推送的教学视频，自主学习新知识，到了课堂上教师组织引导学生进行交流讨论，引导学生实现"知识内化"。从教学过程的角度来看，翻转课堂实现了从"先教"到"先学"的逆转。课前教师通过要学生进行课前问题导向性视频学习，发现问题；在课堂上，通过课堂教学的内容讨论、有针对性的问答以及与同伴间的合作与交流，让具有不同学习背景和生活经历的学生在现有知识的基础上建构新的多元化知识，使教学成为知识的处理与转化过程。从教学模式的变化来看，翻转课堂为学生提供了一个独立的环境，使学生能够跟着学习进度，得到个性化教育。翻转课堂不仅可以增加学生与教师之间的互动，还可以增加学生个性化学习的时间，是课堂教学模式的重大变化成果。

三、智慧课堂的产生

作为实现教育理想的主阵地，在人类社会每一个经历重大变革的时期，课堂都会代表教育迎战社会带来的挑战，课堂要在差异并存的时空下尽快调整自己来适应充满挑战和机遇的外部环境。如今，随着物联网、大数据、云计算、移动互联网等先进信息技术的快速发展，社会已进入互联网+时代，它为人类提供了前所未有的数字生活环境，也带来了前所未有的数字生存挑战，如信息爆炸、数字依赖、认知负荷、网络成瘾等。为了应对信息时代对人才的需求，将课堂从以传递知识的目的转变为以生成智慧的目的，已成为当今各国教育改革的核心。因此，我们将关注的视角转向互联网+时代信息技术与课堂教学深度融合下的智慧生成，智慧课堂应运而生。

当智慧地球思想触及不同领域时，新的想法出现了，如智慧城市、智慧医疗、智慧交通、智慧电网等。当交织在一起的技术和文化浪潮涌向教育领域时，智慧教育、智慧课堂应运而生。

智慧课堂是教育信息化的新境界，通过构建环境，促进学习者的智慧发展。智慧课堂可视为一种教育新形式，愿景是应用新一代信息技术，变革传统课堂教学，提升课堂的效率和智能化程度，培养适应时代发展的人才。尹恩德认为，智慧课堂是指使用物联网、云计算、移动互联网等新兴信息技术，统筹规划、协调和发展教育系统的各种信息化工作，转变教育理念、内容与方法，以应用为核心，加强服务功能，建立网络化、数字化、个性化、智能化的课堂。

总之，智慧课堂是信息技术与教育深度融合而产生的新型课堂模式，旨在综合应用各种信息技术提升现有教育课堂的智慧化水平，培养大批具备新世纪技能、拥有创新意识和创造能力的人才。

四、智慧课堂的发展

通过了解智慧课堂的产生与发展过程，可以看出智慧课堂本身具有丰富的特点，想要正确掌握理解智慧课堂，首先要明确智慧课堂本身的特点，主要把握以下四个方面。

（一）利用新一代信息技术构建智慧学习环境

在智慧课堂的支撑技术上，核心是基于动态学习数据分析和互联网技术的运用。使用现代分析工具和方法，处理和分析教学过程中产生的大量数据，基于数据处理和分析的教学决策与传统的教学评估模型不同。同时，智慧课堂采用"云、网、端"的服务模式，通过教室各种终端设备的无缝连接和智能化运用部署信息平台。打破黑板、讲台和时空概念，使传统教室布局、形式和环境都发生了重大变化，形成了富有智慧的学习环境。

（二）借助于新技术解决传统课堂教学中的难题

传统课堂教学存在很多不足，如以教师为中心、师生互动不多、课下缺乏协作互助等，许多学校试图解决这些难题，但在传统的模式、传统的技术条件下难以找到有效的解决办法。借助于智慧课堂信息平台，教学决策数据化、评价反馈即时、交流互动可以立体化、资源推送也变得智能化，它增强了课堂学习的互动和协作，有效地解决了传统课堂教学中存在的问题。

（三）基于课堂教学全过程实施智慧教学

在智慧课堂实施课前、课中、课后的智慧教学全过程的应用。基于智慧课堂信息平台，在课前发布准备材料和作业，进行课前评估和反馈，深度开展学情分析，基本达到以学定教，从而改进教学预设，方便开展精准教学；在课堂上通过推送测验，实时查看数据分析，促进互动沟通，调整教学进程；在课后通过多元化、个性化作业推送、批改和数据分析，实施针对性辅导和分层作业，真正实现因材施教。

（四）通过智慧的教与学促进学生智慧发展

毫无疑问，智慧课堂的建设在路上。在大数据时代建立信息化的课堂教学模式，提高课堂信息化和智能化水平。从本质上来说，智慧课堂构建和应用的根本目的，是运用最新的信息技术创设理想的学习环境，提高课堂评价和互动能力，使每个学生都能实现有效、充分的发展。

通过对智慧课堂内涵的分析可以看出，本书所构建的智慧课堂是利用大数据、物联网、云计算和移动互联网等新一代信息技术构建的，在课前、课中、课后实现了智能、高效的课堂。其实质是基于动态学习数据分析和"云、网、端"的运用，实现教学决策数据化、评价反馈即时化、交流互动立体化、资源推送智能化，创设有利于协作交流、富有智慧的学习环境，通过智慧高效的教与学，促进全体学生实现符合个性化成长规律的智慧发展。

五、智慧课堂的特征

（一）技术学科融合化

信息技术对教育的影响涉及各个方面，包括对管理的影响、对教学的影响、对研究的影响、对社会服务的影响以及对校园生活的影响。课堂是教育改革的主体，教学是课堂的核心任务，信息技术和教学的积极影响是智慧教育发展的首要动力。

在信息技术的背景下，平板电脑、智能手机、电子书包等移动智能终端逐渐成为课堂教学的常规载体，BODY（带您的设备）活动正逐步在全国各级学校推广和普及。移动终端的使用使课堂教学组织更加灵活多样，不再局限于传统固定座位。支持科目教学的软件越来越丰富，可以更高效率地达到学科知识传授和能力的培养。智慧课堂要求教师和学生具备强大的信息技术应用能力，并以合理、高效和创新的方式应用技术，以促进课堂教学全程设计、实施和评估。信息技术与学科的深度融合，逐渐从关注技术转向关注课程本身，是智慧课堂成功的重要标志和核心特征。

（二）师生互动立体化

传统课堂教学中教师提前备好课程，在上课的过程中把准备好的知识一五一十地告诉学生，教师是知识的权威，学生聚精会神地听老师讲授，课堂教学中最热烈的气氛主要是老师的提问和学生异口同声的回答，或者是学生代表的回答。在这种课堂氛围中，教师与学生的互动是单向的，缺乏相互的沟通与交流。

智慧课堂教学的沟通和互动比传统课堂更加灵活，打破传统的"师道尊严"，师生、生生之间以一种朋友的身份进行交流，秉承"三人行，必有我师"的态度相处，不管是课前、课中还是课后，都能通过教师端工具、学生端工具及其云服务平台的对接，无障碍地进行任何时间、地点的交流，大大提高了课堂互动和教学效率。通过情感感知、数据挖掘等方法，教师可以提前预测学生潜在的学习需求，根据学生的需要教授课程内容，增加师生互动的深度和广度。

(三) 教学决策数据化

课堂教学不断变化，即使优秀的教师也无法预见课堂上会出现的所有情况，教师在处理课堂中发生的问题时，往往依据教学中的经验，新上任的教师由于经验不足，甚至在面对突发状况时表现得手足无措。因此，智慧课堂为教师正确处理教学中出现的新情况、新问题提供了科学支持。

"靠数据说话"是信息技术发展的一个重要体现，在信息技术基础上发展起来的智慧课堂更加需要数据的支持来进行更加科学的数据决策。物联网、云计算、大数据、移动互联网等新一代信息技术的发展，为从"经验主义"到"数据主义"提供了技术条件。信息技术的应用可以实现教育教学过程中数据的全面采集、存储和分析，并通过可视化技术直观显示。在对数据进行分析的基础上，智慧课堂从教师心里的教学经验转向对大量教学数据的分析，不仅包括实时产生的数据，还包括过去产生的数据，将"靠数据说话"应用于课堂中，教师可以依靠直观数据精准地掌握学生的学习情况，及时调整教学策略，实现了基于数据的教育决策。

(四) 学习内容优质化

无论什么样的课堂形式，多么精巧的设计、绝妙的结构，最后都需要落实到具体的内容上，才能实现其自身价值。互联网本质上就是一个信息市场，对于智慧课堂来说，内容应该是完整、优质、实时更新的体系。传统课堂纸质资料的更新必然会受到内容发布时间、印刷等因素的限制，不能做到同步更新。而智慧课堂借助互联网的及时性，在保证成本的基础上，不断地对内容进行更新。

就像不需要家长和老师督促孩子看电视、玩游戏一样，优质的教学内容会让学生在接触它的第一时间产生不可抗拒的吸引力，余下的学习会在学生好奇心和求知欲的带领下自然而然地完成，而想要激发学生的好奇心和求知欲，就必须要有优质的教学内容。

(五) 学习时空开放化

不同于传统课堂的整齐划一，智慧课堂不是一个被割裂的教育时空，智慧课堂的本质是一个动态开放的系统，借助云计算、大数据、移动互联

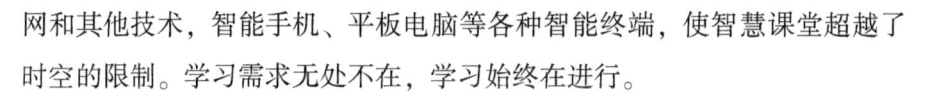

网和其他技术，智能手机、平板电脑等各种智能终端，使智慧课堂超越了时空的限制。学习需求无处不在，学习始终在进行。

学习不应该在教室和学校中固定，应该回归社会和生活，并且发生在需要学习的地方。开放式课堂，使课堂的课前、课中、课后融为一体，有利于提高学生学习的独立性和自主性，让学生成为学习的主人。智慧课堂的学习不再是以教师为核心的学习，而是立体化的学习互联，学生可以根据需要获得所需的学习内容，享受无处不在的学习服务，随时随地与他的学习伙伴进行交流。教师应鼓励学生积极参与课堂活动，积极发表意见，为激发学生潜能和发展智慧提供有利条件。

第二节 智慧课堂的理论基础

任何一种新想法都不会是被动的水、没有根的树，必定有其强大的理论支柱。通过对相关内容的研究，结合自身的专业特点，发现智慧课堂的理论基础早已存在，主要有建构主义学习理论、混合学习理论、最近发展区学习理论等。

一、建构主义学习理论

建构主义是当代教育和学习理论的一场革命，建构主义学习理论认为，知识的掌握是学习者在特定的场所借助他人的力量，依靠特定的知识资源运用意义建构的方法来获取的。获取的知识量取决于学习者根据自己的经验建立相关知识的能力，"情境""协作""会话""意义建构"被称为学习的四个因素。建构主义学习理论强调学习者的独立建构、独立探究和独立发现，并且需要结合这种基于自学习情境的协作学习和基于问题的学习，因此，有利于培养学习者的创新意识、思维和能力。

实施建构主义教学模式和教学方法，对提高信息技术环境下的教学具有重要的意义。建构主义教学模式的主要特点如下。

（一）强调以学生为中心

建构主义对学生的要求与传统的教学理念是有很大不同的。建构主义希望学生主动建构知识的意义，自觉对信息进行加工，而不是像容器一样被动地接收。教师要主动地帮助学生进行知识的建构，促进学生思维的发展。这与传统教学观念中教师中心、教师权威可以说是完全不同的，建构主义强调无论在什么情况下都要谨记学生的中心位置，采用与学生中心相顺应的教学模式和方法来进行课堂教学。

（二）突出要素教学模式

建构主义的教学模式可以概括为以学生为中心，将学习的自主权还给学生，让学生成为自己学习的主人，在全部的教学流程里教师要主动使用情境、协作会话等要素来激发学生学习的主动性和创新性，当好组织者，最终帮助学生达到对所学相关知识的意义建构的目的。

（三）基于现代技术环境的教学方法

建构主义教学模式开发出了一些比较成熟的教学方法，如支架式教学、抛锚式教学、随机进入教学。现代信息技术的发展及其在学校教育教学中的广泛应用，可以很好地满足建构主义对教学环境的更高要求。利用当今多样化的新媒体、新技术和智能设备等，可以创建和展示各种逼真的学习环境，它有利于教师和学生、学生和学生之间的协作、会话和探究，并有助于学习者构建知识的意义。

二、混合学习理论

混合学习（Blended learning）理论是伴随着信息技术发展而产生的将传统教学和在线学习相合的教学模式。信息化时代学生获得知识的途径越来越多样，除了课堂内的学习外，还可以在课外、校外通过网络学习平台或者是移动终端进行随时随地的学习。混合学习的目标是使学习更容易、更便利，从而达到更好的学习效果，混合学习是对传统面对面课堂教学的一种补充和优化，它结合了传统学习的优势和在线学习的优势，既可以让教师发挥出主导作用，又可以体现学生的主体作用。

混合学习理论对信息时代的课堂发展具有重要作用，通过对相关文献和资料的研究发现，混合学习理论主要有以下三方面的特点。

（一）时代性

作为一种新型的学习方式，混合学习具有其明显的时代特点。混合学习是教育领域中较新的词汇，是随着信息技术的发展而出现的，是基于人们对传统课堂的审视和网络学习的现状的反思而提出的，不论是在学校教育还是社会培训中，都引起人们的积极探讨和实践应用。随着当代信息技术的不断发展和创新，混合学习理论的学习模式会越来越多样化，涉及的内容也会越来越广泛。

（二）综合性

混合学习是学习理论、学习资源和学习环境的多方面综合，是为了适应不同学习方式的学生，完成不同的学习目标，营造不同的学习环境和要求。混合学习的学习策略需要各种学习理论的指导，包括建构主义学习理论、教育传播学理论、活动理论等。混合学习结合了完善的在线课程、生动有趣的现实课堂以及教师和学生之间的经验分享，构建了一个可以随时学习的"一站式"综合学习途径。

（三）系统性

混合式学习的重点不是混合尽可能多的元素，而是如何混合它们，使每个元素的积极作用得以实现，从而达到"1+1>2"的效果。混合式学习是传统学习模式的课堂和在线学习中各种学习要素的有机结合，它不是为了混合而混合，而是关注学生的实际情况，既不依赖于传统课堂，也不依赖于在线学习，综合考虑各种现实因素，并在实践过程中逐步完善，以建立可供学生使用的混合学习。

三、最近发展区学习理论

最近发展区学习理论表明，儿童发展具有两种水平：一种是已经达到的发展水平；另一种是儿童可以实现的发展水平。这两个层次之间的距离是"最近发展区"。"教学应当是在发展的前面""教学创造着最近发展区",这是维果茨基深入研究教学与发展关系后得出的最重要的结论。因此,最近发展区学习理论是智慧课堂建构的依据之一。

智慧课堂的建构必须扎根于课前学生查阅部分资料,基本掌握本科基础知识后的最近发展区才能在课堂有效促进学生的发展。智慧课堂的教学需要在学生进行了课前预习基础上进行发散,发散问题若是远离了学生的最近发展区,就难以帮助学生得到发展。如果发散过于刁钻,学生就会害怕,失去解决问题的信心;如果发散过于容易,学生会失去挑战的兴趣,没有冲劲。

通过以上对建构主义学习理论、混合学习理论、最近发展区学习理论的分析可以看出,智慧课堂的诞生和发展,并不是被动的水、没有根的树,而是建立在深厚的理论基础之上的。智慧课堂的各种理论基础是理解和实践智慧课堂的依据,本书的智慧课堂研究正是在此理论基础上进行建构的。

四、智慧课堂理论基础

通过对技术与学科融合、师生交流互动立体、教学决策数据化、学习内容和时间开放化等智慧课堂的特征的探讨,本书从以人为本的教育理念出发,从技术支持、教学目标建立、教学活动设计、教学评价设计四方面来进行构建。智慧课堂模型是围绕智慧课堂所要达到的目标和随着信息技术的发展对课堂提出新的要求两方面来进行构建的,在构建过程中,主要考虑智慧课堂教学目标、教学活动、教学评价、信息化构建等方面。

(一)智慧课堂的最终目标是培养学生的智慧,培养创新人才,促进国家的发展

实现这一目标的方法是在传授知识、启发智慧的基础上培养学生的学习能力,让学生能够独立地实现快乐有效的学习。因此,智慧课堂要以智慧目标为核心进行构建,无论是学习环境的设计、教学活动的创新还是教学手段的选择等,都要以确保学生在课堂中能够得到最合适最优化的发展为前提。虽然智慧课堂是在互联网+的背景下进行构建的,但并不是技术优于教育,技术对于课堂来说是一种帮助,课堂形式不能囿于技术的规划

而禁锢起来；相反，教师要学会借助技术随时调整、创新课堂。教师需要具备这样一种意识，即互联网+背景下的课堂并不强调信息技术的无所不能，而是我们要学着用互联网思维来思考解决课堂中出现的问题。

（二）课堂的活动中包括教师教和学生学的双边互动

互联网+背景下的智慧课堂要求我们教学理念和教学方法上都要发生变化。从传统的课堂教学以教师为中心、强调知识传授转变为新型的以学生为中心、注重能力培养教学；从传统的"对答"交流转变为师生、生生之间的随时交流的无障碍沟通。课前，教师可以在平台或者系统中推送学习任务给学生，设置相关问题，引导学生主动思考，学生可以进入平台接收任务，查阅相关资料，独自或者与同伴合作解决疑惑。课中，教师创设课堂情境，对重点、难点内容进行讲解，采用多种形式进行教学，帮助学生解决课前导学出现的问题，鼓励学生之间积极交流探索，提高学生的合作探究能力，在课堂的最后，教师将新的课堂检测传递到后台系统，从而促进学生知识的巩固。在智慧课堂中，教师教授的不仅仅是知识，更重要的是学习的能力，在课堂上遇到的一切问题都要尽可能地让学生依靠自己和同伴的能力解决。课后，教师把随堂检测的答案发布到平台上，让学生自己查漏补缺；同时，教师根据随堂检测的结果对学生进行针对性的指导，对学生理解得不透彻的地方进行单独的辅导；推送拓展学习资源，扩展学生的知识面，通过拓展资源的学习，让学生把没有完全掌握的知识进行更深层次的学习，从而促进学生知识的内化。

（三）信息技术在智慧课堂教学中的深度应用，使课堂环境与结构发生了重大变革

传统教室中的讲台、黑板和粉笔已不复存在，课桌、座椅的摆放也不是传统的排排坐模式，而是以促进学生的沟通、协作为主要目标的分组式排列，投影幕布、电子白板可以根据需要摆放在教室的任意位置。教师可以通过移动终端设备向同学们发布学习任务，并将其投放在幕布上，在课堂上教师可以根据课堂情况进行手写、标注。各种新型的智能设备、终端的应用，使原来单一、枯燥的课堂变成了生动的"试验场"，能够演示出各种趋近于

现实的学习情境，满足了教师和学生对于教学情境的要求，有利于学生的知识建构。信息技术可以提供给学生更丰富的资源，面对当今社会的飞速发展，学习者不单单需要课本上的学习资源，更需要那些新鲜、开放的信息资源，通过在课堂中时刻捕捉学生的需要，拓展他们的知识层面，可以很好地建立他们的人际网络和认知网络，满足社会化的学习需求。

（四）智慧课堂的评价是在系统、科学、全面地收集、整理和分析数据的基础上，对教学做出判断的过程

传统课堂主要依靠教师的个人教学经验来判断学生的学习行为，并以此来制定决策。智慧课堂现在开始依赖对大量教学实例和学生行为的分析，一切靠数据说话。智慧课堂的数据来源于学生的课前预习、课中测试、课后作业等教学的各个环节，对学生的学习行为进行数据挖掘，使用令人信服的数据来了解学生对知识的掌握程度，用数据来描述学生的个体特征和差异特征，并将其作为实施教学的依据，教学过程中根据学习评测数据及时调整教学策略。通过智能评估系统实现数字化作业或预设问题评估，收集和判断学生掌握的知识和技能程度。通过随堂检测和练习，可以及时检查学生的作业，及时分析和反馈学生的课堂学习效果。通过课后的测试分析和反思评估，对学生进行个性化的辅导，实现教学的不断完善。

第三节 智慧课堂信息化构架

互联网+的背景下提出智慧课堂的构建，离不开信息技术的支持。智慧课堂构建的关键是利用大数据、云计算、物联网和移动互联网等新一代信息技术去打造信息化、智能化的课堂，形成支持智慧教学的课堂环境，进而实现课前、课中、课后全过程的智慧高效的课堂。

一、智能客户端

客户端工具的应用是基于云计算、互联网等技术构建的智慧课堂实现

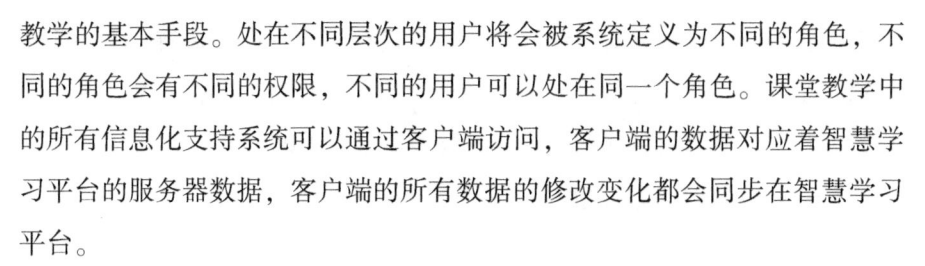

教学的基本手段。处在不同层次的用户将会被系统定义为不同的角色，不同的角色会有不同的权限，不同的用户可以处在同一个角色。课堂教学中的所有信息化支持系统可以通过客户端访问，客户端的数据对应着智慧学习平台的服务器数据，客户端的所有数据的修改变化都会同步在智慧学习平台。

智能客户端在硬件方面具有计算机的数据输入、输出、分析等功能，并带有很好的社交技能；在软件方面，它有各种支持 Android、IOS 和 Windows 的终端系统。智能客户端具有移动性、便捷性、实时性等特点。根据用户群体的不同，智慧课堂智能客户端分为教师端和学生端。

在智慧课堂理论模型的构建中，教师和学生在课堂中使用的智能客户端主要是移动智能客户端，包括手机、iPad 等。这些智能终端的应用显著地提高了教师和学生互动与交流频率，提升了学生掌握知识技能的效率。对于不同的用户角色，智能客户端发挥的作用不同，智能客户端在智慧课堂的应用主要概括为以下几点。

（一）发布与接收预习任务

智能客户端支持微课制作、教学资源下载、视频观看、板书等功能。教师可以根据教学任务，制作学生课前需要观看的微课，智能客户端的微课并不一定要直接上传视频，也可以通过上传二维码的方式上传微课。智能客户端同样支持教学中实时录制微课，以便将优质的教学片段保存下来，供其他班级的学生或者老师学习，从而减轻了教师的教学压力。学生根据老师提前发布的微课进行课前相关内容的学习，可以观看自己老师发布的内容，也可以观看其他老师发布的内容，观看结束后可以发表评论，对于预习中存在的问题与同伴进行交流，深化对所预习内容的认识。

（二）课堂互动交流

课堂互动交流是智慧课堂非常重要的一部分，教师和学生彼此之间可以通过智能客户端的 QQ、微信等社交工具进行文字、语音或者视频交流。教师端可以通过发布各种课堂任务，让全体学生一起或者分组完成，学生完成任务后，教师可以在教师端获得学生完成情况的相关报告，根据报告及时调整教学进度，并对错误率高的地方进行重点提问与讲解。学生则可以通过学生端接收教师的提问，在线查看问题，进行作答并提交，并可以通过客户端看到自己的成绩报告、答题详情以及教师批注。

(三) 作业与动态评价

作业与动态评价是一种在大数据、云计算、移动互联等技术的帮助下的创新工具，它集布置作业、完成、批改、相关数据统计与分析于一体。教师可以通过教师端发布作业待学生完成作业提交作业后，系统对部分客观题完成批改、教师批改主观题后，对学生的作业情况完成相应的动态评价，涉及成绩报告单、错题集、错误知识点等。教师可以通过这些评价对学生知识的掌握情况进行摸底，调整课堂内容，为后续的教学提供指导。学生可以通过作业与评价对自己的知识掌握情况进行了解，了解自己薄弱的知识点。

二、智慧学习平台

两朵玫瑰相互交换后，每人仍有一枝玫瑰；交换两个想法后，每个人都能获得两种想法。学习作为学生了解外界知识的过程，自然少不了相互沟通和交流。在互联网+背景下，课堂早已突破了时间、空间的限制，学习者在智慧学习平台上自由地进行互动交流。与传统的教学相比，智慧学习平台具有以下特点。

(一) 沉浸式的学习

传统教学将教育框进了一个单向互动的管道之中，教师对学生进行单方面的信息输出，通过严格控制课堂纪律，确保学生集中精力，课堂气氛变得毫无生气。智慧学习平台将庞大、复杂的知识内容分解为清晰、短小的任务，并对学生的每一次尝试和进步进行评估反馈。俗话说"知己知彼，百战不殆"，将庞大的知识量化，可以帮助学生对自己的学习做到心中有数。除此之外，智慧课堂还会将细分的知识进行包装，用图形化、数字化的方式加以展示，并将团队合作与竞争的意识引入平台中，促进学生全身心地投入到学习中来。在智慧学习平台中，学生不需要通过控制自己的注意力来进行学习；相反，平台还会提示"注意学习时间，避免过度疲劳"。当学生一天中的在线学习时间过长时，平台就会提醒学生注意休息。这种沉浸式的学习体验，正是很多教育学者渴望的场景。

(二) 优质的教学内容

首先，一个平台对学生最大的吸引力在于它所包含的内容，学习效果是学生能否选择平台的关键因素，优质的教学内容是吸引学生的重要前提。智慧学习平台可以利用自身优质的教学内容激励学生持续地学习。如果学生下载了相关软件，一个星期后却再也不使用它，那么学生就不再对智慧学习平台感兴趣。智慧学习平台确保了教学内容的多样性，使学生在好奇心和探索欲望的驱使下积极地参与平台的互动。其次，智慧学习平台要确保及时反馈，确保让学生所有努力的结果及时兑现，使学生对自己与教材的交流始终充满期待。当学生成功完成教学的一小步时，平台给予相应的反馈，会帮助学生忘却对庞大知识体系的畏惧，转而开始享受这些既有的成就感。最后，会引导学生深入研究学习内容，当学生在平台进行学习时，不仅会接收到来自教学内容的引导，还会引导学生进一步认识思考教学内容。学生对自己感兴趣的部分进行积极研究并在内容上做出延伸，对教学内容中不足的部分，通过教育内容的互动进行弥补，因此，智慧平台应将自学添加到教学内容中，引导学生生成学习内容。

(三) 人格化的平台

教育中的互通有无从人与物、人与人之间转移到了人与平台之间时，相关的互动行为便进入了高级阶段。人与平台之间展开交流，既需要双方敢于跳出利益的思维边界，也需要保持克制，就事论事地了解彼此，最终实现人与平台的互动。学生是人，最直接、最深刻的交流莫过于人与人之间的互动。因此，智慧平台要想与学生产生并维持紧密的关系，就必须要让自身人格化。所谓人格化，就是将形象模糊、表现呆板的组织包装成为个性鲜明、表现活跃的社会个体。相较于传统教育，以兴趣为导向的智慧平台当然更需要平台自身的人格化建设。对于智慧平台而言，将自己的平台人格化，便能顺理成章地以"人"的身份与学生交流。对学生的态度有了人性化味的理解，即便相隔千里，学生依然可以在万千平台中发现自己，继而在平台上展开学习，做出评价。

三、智慧学习网络

智慧学习网络是智慧课堂信息化架构的核心组件之一。智慧学习网络可以在教室内构建以教室为单元的信息化环境，负责智慧课堂的运算、存储等，实现构建无线局域网、跨平台多屏互动、上传和本地化存储等一系列功能。在智慧网络的信息环境下，可以支持多种设备组建局域网，在没有互联网的状态下，也可以实现教师和学生的通信与交互。

智慧学习网络可以通过无线方式传输数据、语音和视频信号，从而在教室内构建无线局域网。通过局域网的构建，可以保证学校在无互联网的条件下，教室内的各种终端设备交互畅通，节省大量互联网资源的占用；当互联网连接时，可以实现教师的跨空间直播。

智慧学习网络采用了先进的多屏互动技术，该技术位于 LAN 或 WAN 内，可以将共享的多媒体资源推送到屏幕并播放。智能设备的互联互通和资源共享可以在局域网中实现，局域网内的智能设备可以拓展到广域网中，实现网络融合，在网络层上实现互联互通，为教师和学生提供更加多样化、多媒体化、个性化的服务。学习网络具有同时支持苹果、安卓、Windows 等多操作系统的功能，实现多平台之间点与点的跨平台交互。在无线 LAN 环境中，智能设备可以相互发现并共享多媒体资源。

智慧网络提供方便的课件上传和存储功能。多媒体网络课件是多媒体视频播放的重要软件资源，是学生学习的基本材料，如果找不到课件，就意味着学生无法进行学习，因此，上传技术非常重要。为了给学生在课前、课中、课后提供足够的学习资源，课件上传是网络系统的一个非常重要的应用。教师在进行教学时，网络可以支持上传图片、文档、PPT 等多种类型课件，并自动转成适合播放的格式。教师和学生也可以通过记录功能，将课堂教学的全部或部分片段录制下来，形成教学资源，既是教师和学生的个人资源，也是学校的校本资源。

四、智慧学习资源

学习资源是指学生在所创建的学习环境中可以利用的一切视觉的或潜在的条件。互联网+时代是资源爆炸的时代，规模巨大、类型多样、产生速度快、价值密度低、处理复杂是其最显著的特点。

智慧课堂的教学是发展个性的教学，面对获取资源的渠道越来越多，教师会根据实际情况将资源进行相应的整合来促进学生的发展。开放性是智慧课堂的特征之一，各种开放教育资源不断涌现，为教师开展开放教学创造了有利条件。教师和学生可以利用搜索、策展等方式快速准确地获取自己所需的资源，并对资源进行重组改造以满足自身教学的实际需要。其中，策展技术的掌握能够帮助教师在资源分享的同时创造资源；在获取信息的同时，积极分享和传播有价值的信息。同时，教师还可以将外部优质的人力资源引入课堂，如邀请名师远程授课，邀请行业专家实时讲解等，从而拓展课堂的教学深度和广度。教师还可以利用各种资源制作工具，将已有的资源进行改造创新，来满足动态变化的教学需求。

智慧学习资源可以帮助学生更加方便地找到自己需要和感兴趣的内容。可以根据学生的年龄特征、学习轨迹进行课程推荐，帮助学生了解适合他们的专业和学习方式。可以将各类课程材料进行数字化，通过数据收集、推断和建议三部曲来提供个性化学习建议。数据收集阶段会建立学习内容中不同概念的关联，然后将类别、学习目标与学生互动集成起来，再对数据进行处理，供后续阶段使用。推断阶段通过心理测试引擎、策略引擎和反馈引擎对手机的数据进行分析，分析的结果提供给建议阶段进行个性化学习使用。建议阶段则通过建议引擎、预测分析引擎为学生提供学习建议。

第四节　智慧课堂教学目标设计

教学目标是贯穿课堂教学—学习—评价全过程的重要组成部分，教师在准备一堂课之前，必须要明确这一节课希望学生达成的目标是什么。目标具有多种形式，从具体的目标到总体性的目标，从外线的目标到内隐的目标，不同的目标具有不同的价值。结合智慧课堂的理论与实践，将智慧课堂的教学目标设定为初级、中级和高级三个层次，三个层次的目标彼此独立又相互联系，构成了以点成线、以线带面的教学目标层次。

一、初级：联结知识

传授知识是课堂的重要任务之一，可以这样比喻，每一个知识点都是一个"子目标"，整个"棋盘"由很多个"子任务"组成，每一个"棋子"都对应着棋盘中的一个位置和一项任务，学生必须掌握每个"棋子"的行走规则，具有全局意识，才能让整个棋盘充满活力。

为了打通知识之间的联结，首先，我们要明白知识的分类。经过不断研究，美国教育心理学家加涅将学习分为四个不同的方面：言语信息、智慧技能、认知策略、动作技能。其中，言语信息、智慧技能和认知策略就是知识。加涅还提出四种不同学习类型需要不同的内外部学习条件，强调教师要利用学生的内部条件并创造外部条件以提高学生的学习效率。知识可分为陈述性知识和程序性知识。其中陈述性知识，又叫描述性知识，用来回答是什么的问题，它是个体能够直接加以回忆和陈述的知识，主要是用来描述事物的特征、状态和本质，用于区分事物。命题、表象、线性排序是程序性知识的表征形式。程序性知识，又叫作操作性知识，在解决问题时无意识提取线索，主要解决怎么办的问题。

其次，我们还要对影响教学和学习的因素进行更深层次的分析，找出

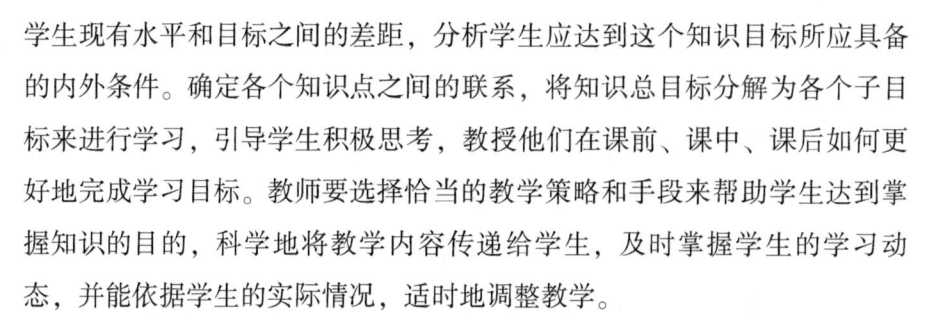

学生现有水平和目标之间的差距，分析学生应达到这个知识目标所应具备的内外条件。确定各个知识点之间的联系，将知识总目标分解为各个子目标来进行学习，引导学生积极思考，教授他们在课前、课中、课后如何更好地完成学习目标。教师要选择恰当的教学策略和手段来帮助学生达到掌握知识的目的，科学地将教学内容传递给学生，及时掌握学生的学习动态，并能依据学生的实际情况，适时地调整教学。

知识之间的关系就像人与人的关系一样，每个知识点之间都是既相互独立又彼此依存。智慧课堂的初级目标，就是根据一定的逻辑顺序，将点状的知识点串联成知识线，知识线彼此交错形成一个知识网。让学生具备基本的知识素养，就像电影的剧本设计一样，打造知识的"剧情"，达到"曲径通幽"的效果，从而使学生在接触相关知识时能够产生探索的兴趣。

二、中级：满足需求

智慧课堂的教学目标应该明确学生的需要，力争让学生将所学知识在掌握的基础上学会运用到实际中，去解决生活学习中遇到的问题，满足生活的需要。获得知识的最终目标是解决问题，问题解决的过程就是学生的需要被满足的过程，因此，学生学习的过程也就是解决问题、满足需要的过程。将学生具备解决问题的能力设立为教学目标，首先要弄明白学生的需求，只有确定了需要，才能为教学目标的设计提供真实的依据。

根据需求的起源，可以把需求分为生物需求和社会需求。生物需求主要由集体内的某些失衡引起的，包括饮食、睡眠、排泄、配偶等，这对生物体的生命很重要。社会需求是独有的需求，包括劳动需要、交往需要、成就需要、求知需要等，学生学习需求是一种求知需求，也指学生当前水平与期望水平之间的差距。这种差距是多方面的，包括知识、情感、态度和其他方面。目前的水平是指学生在知识和能力方面已会做什么。预期情况与现状之间的差距是学生知识能力的不足，反映了在教学中实际存在的问题，需要尽快解决。

在发现问题和分析学生的学习需求时，教师应认真考虑以下几个问题：一是实际的行为表现，当前学生的行为表现怎么样；二是理想的行为表现，学生应该发生哪些变化；三是感受，学生对教学有什么感受；四是原因，为什么教学或学生的学习中存在问题，这些问题是什么原因造成的；五是解决办法，有哪些方法可以解决或缓解当前的问题。

学生能力的培养需要从学生的需要角度出发，找到现阶段与期望之间的差距，立足差距设计教学目标，让学生深刻感受到应用的乐趣，让教学做到有的放矢。

三、高级：发展智慧

科技创新推动社会发展和转型，更加推动着对人才培养的要求，在互联网+背景下，互联网思维已经渗透到了整个教育生态内，推动着教育教学目标的深刻变革。智慧课堂的出现，拓宽了教学的时空，改变了教学内容的呈现方式，为现代学校培养智慧型人才提供了支持和动力。不同于工业社会里对从事标准化劳动工人的要求，信息化社会需要能够从事创造性劳动的智慧型人才。全球视野、信息素养、批判性思维、数字化能力等已成为信息社会对人才的基本要求，传统的课堂教学已经不能满足时代对智慧型人才的要求。

创造性是智慧人才的特征之一，是学生独立自主性、自由能动性发展的最高表现。对于学生而言，创造性的激发培养是他将来是否能够成才的关键，如果学生在学校里学不会创造，那么这个学生将一辈子都是模仿和抄袭。创造是人的本能，无论成绩的好坏，每个学生都具有创造的潜力和冲动，这个潜能可能会在特定的条件下被激发出来，也有可能一直处在隐藏的状态，甚至在某些条件下会被严重地扼制。传统的课堂受到单一刻板的教学方式的影响，以教师为中心的课堂关系，往往会扼杀学生的创造力。

智慧型人才是有自己个性的人才，具有个性的人是积极改造、创造世界，并不断充实自己的人。个性教育的实质是尊重学生的差异性、多样性，通过多样化的教育培养人才。它是对"标准化"教育的否定，更是智

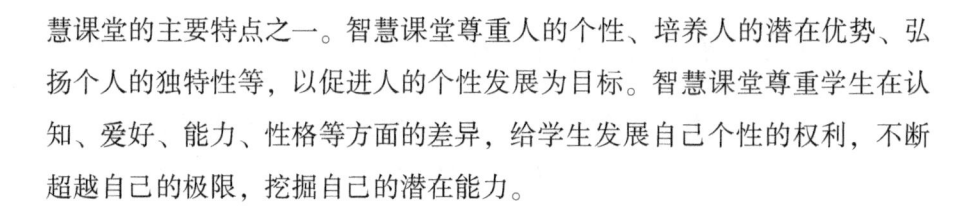

慧课堂的主要特点之一。智慧课堂尊重人的个性、培养人的潜在优势、弘扬个人的独特性等，以促进人的个性发展为目标。智慧课堂尊重学生在认知、爱好、能力、性格等方面的差异，给学生发展自己个性的权利，不断超越自己的极限，挖掘自己的潜在能力。

第五节　智慧课堂教学评价设计

智慧课堂更需要"智慧"的评价方式，"靠数据说话"是智慧课堂教育评价的重要理念。相较于传统的课堂评价，智慧课堂的教学评价依据从主观经验的判断走向客观数据支持的判断，评价方式从总结性评价走向过程性评价，评价内容从单一评价走向综合评价，评价手段从人工评价走向智能评价。

一、把握评价依据：评价客观化

在传统教学中，教师对学生的评价依据往往来自学生的考试成绩和教师对学生的主观印象，这就导致了评价的片面性和主观性。智慧课堂信息技术的应用使学生在各个方面的行为被清晰地记录下来，并借由大数据的力量，让教师对学生、学生对自己的了解都更加全面客观，强化了教育评价的诊断、引导、调整功能，为学生的全面发展、终身成长提供了更为科学的引导方向。基于大数据的客观性评价，不仅可以记录学生的学习时间，还可以对学生的学习行为进行诊断，分析其学习稳定度和学习特点，从而帮助教师对不同的学生采取不同的辅导策略。在课堂上，学生可以通过即时反馈系统立即对教师的问题做出回答，教师可以即刻看到学生做出的回答和正确率，大大提高了课堂即时评价的效果，教师可以有针对性地调整自己的教学方向和重点。客观性评价展示了学生的基本现状，帮助教师了解学生的发展情况，及时发现问题，为更好地培养学生提供了参考。

二、转变评价方式：评价过程化

传统教学评价中，对学生的评价方式往往是基于对教学活动结束后教学效果的评价。目的是总结性评价，一般采用的是期末考试或者考核的方式，总结性评价的目的是检测学生的学习成果与预期的教学效果之间的差距，检测教学目标的完成度。总结性评价有其一定的好处，但是在评价的过程中往往忽略过程，单纯地比较学生的成绩高低，不利于学生的长远发展。智慧课堂教学评价方式采取过程性的评价方式，重视在教学过程中学生的生成性，依据相关技术记录学生的学习状态、学习表现、学习反馈等多种数据，对学生的学习情况和水平做出评判。在互联网+时代，教师可以利用多种数字化设备收集学生在学习平台、学习终端上的学习痕迹，全面了解学生在整个学习过程中的表现，从注重结果转变为注重质量。

三、丰富评价内容：评价综合化

受制于时间、空间、技术等方面的限制，传统课堂评价的主要内容还是成绩的好坏。智慧课堂在评价内容上采取综合性的评价方法，不单要评价成绩，还要评学习方法、学习兴趣、学习能力等多方面的内容。在智慧课堂的教学内容评价中，大数据技术突破了评价内容的单一性，收集学习者更多方面的信息，如认知能力、学习风格、社会背景等。教育的对象是学生，学生的综合素质最能反映教育质量的好坏。综合性评价除了传统的评价成绩外，还要对学生的思想品德、身心健康、艺术素养、社会实践等方面进行考察。综合性评价实现了从传统的"一对多"模式（一个学习成绩评价多名学生）向"多对一"模式（多种学习表现评价一个学生）的变革，优化了学生成长路径，体现了"以人为本"的教育理念，促进了学生的全面发展。

四、优化评价手段：评价智能化

互联网+时代的大数据技术一个明显的特点就是数量庞大、维度丰富。

若想收集、处理、分析这些庞大且复杂的数据，离不开智能化分析技术。因此，教育评估的手段应该从人工统计、处理相对单一的数据（如考试成绩），到使用智能分析技术来处理来自平台和客户端的学生各方面的数据。智能化的计算和可视化的呈现，实现教育评价的智能化。比如，批改网应用了智能化的评价技术，将庞大的英语本族语语料库存储在其后台，学生将英语作文传到批改网后，基于搜索和抓取技术，机器可以将学生作文与语料库中的词汇、句子、内容相关度等维度进行对比，针对性地给出每篇作文的综合得分，并给出相关的语法、句型建议。根据智能算法与匹配，批改网对相应的错误给出修改建议，提高了学生学习的积极性。教师在教师端可以看到学生的分数，使教师对学生的学习情况一目了然。智能化的评价手段，为教师节省了大量时间，也帮助学生了解自己的学习情况，实现了教与学效率的大幅度提高。

第八章

智慧课堂的实践探索及策略

第一节 智慧课堂的实践策略

一、智慧课堂教学模式

（一）坚持以学生为主导

5G 技术的应用，为教学视频的播放、教育资源的综合利用提供了更多可能。在引入情境创设的教学时，要坚持以学生为主导，不需要过分注重学科知识的学习，而是关注如何让学生把学习到的知识运用到生活中去，解决生活中大大小小的问题。

（二）课堂实践

课堂实践教学也是单元教学的教学设计的重要环节之一。拥有了课前的教学设计分析，课堂的实践是一个运用和发展问题的过程，在进行课堂内容学习的教学时，教师应当以学生为主体，突出学生学习中的主体地位。课堂实践应当减少课程统一讲解的时间，改变传统的说教模式，根据课程内容设计师生互动，让学生多问"为什么"，以学生在学习中遇到的问题对教师进行提问，教师及时给予解答，同时对学生进行引导，让学生自我进行探究和解决问题。教师也应当在课堂实践过程中，通过学生的表现和学习情况做出相应的调整，针对不同的学生设计不同的教学方案。对于学生的问题可以加之情境化，营造出"散文"中的教学情境，让学生在学习时，能够更加深刻地了解散文所表达的深意。单元教学的课堂实践是一个发现和解决问题的过程，在此过程中不断做出调整，以达到单元教学的目标。

（三）教学评价方法的思维扩展

对学生的作品进行评价反馈，增强学生的自信心，也是很重要的。因为这也是通过作品与学生交流互动的时机，点评能帮助学生进一步认识不足之处，也对其后续发展产生影响。因此，教师更应该重视学生学习的点评环节。当把思维导图融入我们教学点评中，从全新的评价角度出发，更能让学生领会更多的写作方法和如何进行主题探究。在教学过程中，我们还能将思维导读运用到文章剖析中心思想上来。在新课学习中，先鼓励学生通读全文自行将文章亮点提炼出来，再引导他们规划思维导读框架，将要点按照行文逻辑顺序放入框架中，然后再通过对内容和写作方法进行推敲，进一步完善框架，这就是思维导图在教学中的实际运用，不仅帮助学生准确把握文章的内容结构和中心思想，而且也帮助他们掌握不同的写作方法。

（四）选择适合学生的云教学平台

智慧课堂教学模式建议搭建职教云平台，学生或教师可以直接在有网环境，利用平板电脑、计算机、手机下载 App，通过账户登录访问，实现课程设计、多媒体教学资源的上传与下载、作业管理、考勤、作业答疑、知识碎片化、在线审阅、小组讨论、教学数据统计等全在线互动。现阶段，已经开发设计出很多在线教育平台，其多为单一线上教学，与线下进行交叉融合的教学模式却很少。需要说明的是，职教云平台就是充分将线上教学优势与线下课堂教学紧密联系在一起的智慧教学模式，其具体展开过程可以分为课前、课中、课后的全过程，积极展开深度交叉性的混合式教学对促进智慧教学具有较大的现实意义。

教师结合互联网+教育的模式，帮助学生提高学习效率。在教学过程中，让学生进行预习，提高学生的自主学习能力，在预习成果中对学生的学习情况进行了解，从而制定相应的教学方式。教师在课堂中引导学生进行质疑、讨论等活动，充分体现教师的引导作用，帮助学生进行自我反省，提高学生自我能力的认知。智慧课堂的建设，在一定程度上帮助学生提高了学习方法，也便于学生与老师之间的相互了解，对培养学生的学习兴趣以及全面发展也有重要意义。

二、智慧课堂的实践建议

互联网+深刻地影响着我们的社会和生活，触网即活，已经成为这个时代的特征。在如此时代背景下诞生的智慧课堂对传统课堂教学形式产生了重大的冲击。这也就意味着，想要促进智慧课堂的落地需要我们付出更多的努力。笔者认为，应该从转变教师教学理念、重构教学目标、提高学生学习效率三个方面来促进智慧课堂的落地。

（一）转变教师教学理念

在网络教育的冲击下，教师已经不再是学生获取知识的唯一途径，教师的权威性受到了挑战，重要性受到了质疑。教师正在从课堂的"中心"向"边缘"移动，而学生的角色则由被动变为主动。如果教师在智慧课堂的时代仍然按照传统的教学观念来审视自身的角色，一定会有非常大的落差感，所以需要教师转变自身的教学观念，从传统的"单面手"向"多面手"转变，要把以教师教为中心逐步过渡为以学生学为中心。虽然有些学生的学习能力不太高，但是所有的学生都有内在的追求。教师要尽可能地让学生全身心地投入到学习中去，让更多的学生获得成功的喜悦。

教师要拒绝做学生自主学习的旁观者，要在学习任务单中给予学生所需的帮助，尽量选择开放性、发现性和创造性的问题进行研究，提供适合学生学习的信息环境，为学生创设合理的活动情境，从而为学生的学习提供合适的脚手架。教师要具有终身学习的意识，积极面对教育领域技术和知识挑战，不断完备自身，与时俱进。

(二) 重构教学目标

教学目标的达成与否是检验课堂成功的关键，现代的学校学习模式是从英国工业革命时期发展起来的，最初的目标是教授工人工作所需要的技能、向精英阶层传授管理的能力。受到这种大背景的影响，在现在的课堂中，教学目标依旧是围绕传授知识，从学生考试成绩的高低来判断教学目标实现的程度。在这个过程中不免会出现因为重视结果而忽视了过程，忽略了学生能力的培养以及在教学过程中对"意外"的处理等现象，所以在落实智慧课堂的过程中，教师要注重教学目标的重构，摆脱知识的枷锁，注重生成性，对课堂中学生发生的"知识意外"报以接受的态度，并挣脱预设目标的限制，培养学生的学习的积极性。

智慧课堂设立教学目标需要深入研究教材，厘清知识之间的联系。通过分析学生的实际情况，帮助解决学生学习中遇到的实际问题。通过重构教学目标可以帮助我们透过智慧课堂的表面，看清智慧课堂的本质。智慧课堂教学目标的重构改变的不仅是教学流程，而是整个教育，智慧课堂的核心是培养学生的思维和能力，从而促进学生的智慧发展。

(三) 提高学生学习效率

不论是传统课堂还是智慧课堂，学生都是课堂里最重要的一部分。智慧课堂在课前发布预习视频，让学生提前实现差异化、自主化的学习，把学习的主动权交给了学生。课上能够腾出更多的时间让学生进行协作探究，培养他们解决问题的能力。但是培养学生解决问题能力的前提是他们具有和拥有解决问题的潜力。而学生习惯于按照教师给定的标准答案进行学习，学习能力还存在特别大的上升空间，而要学生胜任智慧课堂中的角色，就需要他们提高自身的学习能力。提高学生的学习能力首先要激发学生主动学习的意识，其次要以发展的眼光看待学生，从多种角度评价学生的表现。

在智慧课堂中，学生需要课前完成自学任务，这就需要他们具有较强的自我管理能力和自主学习能力。因此，在提高学生学习能力的时，一是要注意增强学生的学习动机，设计能够吸引学生主动完成的自学任务。二是要从学生的认识态度入手，提高自学意识。鼓励他们勇于锻炼自己、主动求知、做学习的主人。三是要改善学生的学习环境，营造积极的学习氛围，通过小组合作的方式，增强学生的学习动力。

面对教育信息化不可遏止的浪潮，作为教学一线的课堂，将技术注入是一种必然的潮流与趋势。在互联网+的大背景下，在互联网、云计算、大数据等多种技术手段的支持下，从课前、课中、课后三个阶段出发，构建以学生为本的师生互动课堂，旨在建构更加高效、智能的智慧化课堂。

第二节 成功实施智慧课堂的关键要素

智慧课堂教学实施的关键是互动教学，即把课堂教学过程看作是一个教与学融合、交互作用与影响的动态过程，其核心标志是具有立体化的互动交流能力。在教学互动过程中，强调学生是学习活动的主体，教师是学生学习的指导者、帮助者、促进者。它不同于传统的互动教学，不仅仅是师生间、生生间的语言交流讨论，它是借助智能化的移动学习工具和应用支撑平台，实现教师与学生的立体、高效、持续的互动交流，在互动过程中实现协作、探究和意义建构，促进学生的智慧生成与发展，智慧课堂的互动教学体现在学生学习发展的全过程。

一、学生信息获取过程中的互动

基于智慧课堂信息技术平台的资源管理与服务系统，可以提供图文并茂、丰富多样的信息，但在互动过程之中，学生很容易被过多的信息资源干扰，找不到对于课程学习最有利的教学资源，从而分散了学生的学习注意力和精力，拉长了教学过程。因此，教师在推送学习资料时，要注意跟踪观察，采取实时引导、提示、发问等方式，形成在学生获取信息阶段的高效互动。

具体来讲，可以采取以下方法和措施：一是教师可以在开始实施教学之前或学生查找资料过程中，给学生进行教学资源收集的相关培训指导，让学生知道在什么地方查找、如何查找、搜索什么关键词等。二是适时展示学生收集到的资源信息，比较哪位学生收集到的信息更为有效、更有价值。三是让学生归纳自己收集到的信息的观点并展示等。学生将自己收集整理归纳的信息上传给教师，教师可以通过测试评价信息系统的分析结果，了解学生信息获取、整理、归纳的情况，及时给予点评和指导。通过这些方法，使教学互动过程更为有效，既把控了课堂教学进程，又提高了学生信息获取的能力。

二、课堂研究探讨过程中的互动

在课堂教学过程中，研究探讨是学生自己建构知识意义的重要环节，通过自己对资料的整理归纳分析，与同学的交流探讨，以及与教师的交互沟通，逐步形成较为完整的知识认知。在智慧课堂教学环境下，学生利用信息技术手段获取富媒体学习资源及动态信息，就某个问题展开互动交流和协作探究，展示和分享学习成果，同时教师基于信息技术平台对学生的探究提供指导和帮助，促进学生的知识意义建构。

例如，在研究探讨过程中，学生将不明白的问题，通过移动学习终端上传和发布到班级讨论栏，并显示在教室的白板或大屏幕上，学生便可以看着白板或屏幕展开讨论。在讨论的过程中，遇到不明白的地方，教师可以指导学生或自己操作示范，现场上网查找探究相关内容，电脑屏幕可以投影在幕布上，学生可以看到查找探究全过程。这样做的好处，一方面是课堂探讨气氛较浓，人人都参与到讨论中，避免了学生只是低头看着自己的移动终端，进行"无声"的交流或干别的什么事情；另一方面，教师可以了解研究探讨全过程，了解每位学生的情况，随时调整教学方式和进程，寻找适合学生的教学方法和手段。

三、随堂测评过程中的互动

在智慧课堂教学环境下，随堂测评过程中的互动主要体现在教师通过信息技术平台智能推送测评试题，学生通过信息技术平台完成测试题并提交答案的过程。平台的测试评价信息系统会自动给出客观题的测试评价结果，即时反馈给学生和教师，用于改进教学。

具体来说，智慧课堂信息技术平台利用智能终端和基于云服务的测试评价信息系统，具有多元分析评价功能，对学生的作业测试实时处理、实时反馈，并会对全体学生的成绩进行及时的统计分析并给出评价结果。教师可以通过结果分析了解学生对知识的掌握情况，并即时进行错因分析，给出正确答案。随堂测评互动既可以在教学过程中，也可以在教学任务完成后进行，以检验学生对某一知识或整个教学内容的掌握情况，便于教师掌握学生学情，有针对性地进行重点讲解、补充说明。

对互联网+时代智慧课堂教学的探索还是一个崭新的课题，无论是理论研究还是实际应用上都属于起步阶段，在智慧课堂的教学理论与应用策略方面还存在大量现实问题。例如，如何构建基于智慧课堂的智慧教学模式，确立智慧教学、智慧学习理念，结合各学科教学实际，优化智慧课堂环境下教学内容与方法，形成具有各学科特色的智慧教学体系；如何对学习行为、学习过程和学习评价数据进行深度挖掘分析，制定适应学生差异的个性化教学方案与策略，真正实现个性化教学和因材施教；如何对学习过程中学习者的情感、态度等进行科学、客观的评测，从认知评价向情感评价、全面评价转变，形成科学的智慧学习评价体系；等等。这些都需要我们重点关注，不断深化研究。

第三节　智慧课堂的准备

教学活动可以理解为教师和学生在一定的情境下为了达到某种教学目标的行为总和。在智慧课堂的构建中，教学活动的设计是重中之重，是实践中智慧课堂教学的实践指南。智慧课堂教学活动设计融合了教师的教和学生的学，在信息化平台的支持下，从课前、课中、课后全过程设计智慧课堂的教学活动。

一、课前：预习反馈，拟订教学方案

在课前预习的过程中，教师可以根据已经掌握的学生的情况，开展学情分析，查阅学生以往相关基础知识的掌握情况。教师根据学生特征分析的结果，制作预习内容，选择恰当的方式推送预习资料。学生根据教师推送的资源完成预习任务，并将未解决的问题反馈给教师，教师根据学生的预习结果拟订教学方案。

传统的课堂教学，教师课前备课和学生课前预习是彼此分开的，备课和预习过程中产生的问题缺乏有效的沟通，虽然教师想从学生的角度设计教学活动，但是了解不够，导致出现教学不对等的现象。

智慧课堂从根本上解决了传统课堂师生课前缺乏沟通的问题，充分体现了学生的课堂主体地位，具体包括以下环节。

（一）进行学情分析

智慧课堂的核心理念是"以人为本"，开展学情分析，可以全面地了解学生，包括学生的气质、认知能力、社会背景、相关知识的掌握程度等。任何违背学生学习需求和成长规律的教学都是徒劳的，因此，开展学情分析、掌握学生的情况是制订有效课堂教学方案的前提。智慧课堂信息化平台可以用表格的形式记录学生的个人情况和学习情况。

其中，部分主要内容的含义如下。

气质：学生在心理活动中的表现，包括强度、速度、灵活度等方面。

认知能力：学生处理、存储和提取知识的能力，一般用强、较强、一般、弱来描述学生的认知能力。

社会背景：指学生相关家庭背景，如父母的工作、受教育程度等。

（二）发布学习资源

在智慧课堂的课前准备中，教师依据教学目标的要求结合学生的个性记录表和学习记录表，可以更有针对性地设计预习内容，制作和提供学习资料，用于学生的预习活动。预习资料一般包括微课、富媒体资源、预习测试题等形式。

1. 制作、筛选微课

微课即微型教学视频，是指讲授一定知识点的短片，聚焦于知识讲解，主要用来帮助学生完成对某一知识点的理解。制作微课一般包括四个步骤，首先要确定微课的主题，确定主题是制作微课的前提，微课的内容短小而精确，一般以一个知识点或一个教学环节为单位，时间在十分钟之内。其次要制作课件，教师要根据选定的主题，结合具体的内容，制作图文并茂的课件。再次要选用用于制作微课的工具，根据教学目标选择合适的录制工具可以直接使用拍摄工具如手机、DV 等直接录制教学视频或者利用录屏软件直接用电脑操作录制微课，但是要在录制的过程中确保画质的清晰，声音稳定。最后录制结束后，根据教学目标和具体的录制情况对录制的视频进行剪辑和美化。微课内容精时间短，可以更加方便快捷地实现教学资源的分享和交流，有利于学生的自主学习。除了教师自己动手制作微课外，还可以在学校公共平台或者互联网平台寻找与教学内容相关的视频，在进行剪辑筛选后作为学习资源推送给学生。

2. 精选富媒体资源

富媒体资源，简单的解释就是丰富的媒体资源，具体地说就是互联网上出现的多种媒体形式，包括各类电子文档、图片、视频、语音、PPT 等形式的媒体资源。在智慧课堂里，专指富媒体中有益于学生学习的那部分

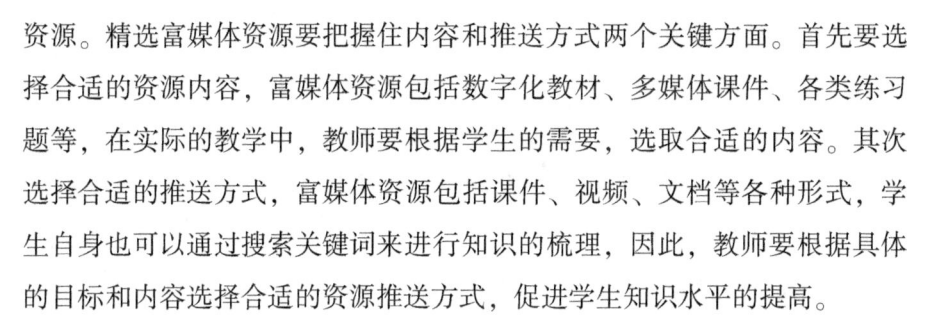

资源。精选富媒体资源要把握住内容和推送方式两个关键方面。首先要选择合适的资源内容，富媒体资源包括数字化教材、多媒体课件、各类练习题等，在实际的教学中，教师要根据学生的需要，选取合适的内容。其次选择合适的推送方式，富媒体资源包括课件、视频、文档等各种形式，学生自身也可以通过搜索关键词来进行知识的梳理，因此，教师要根据具体的目标和内容选择合适的资源推送方式，促进学生知识水平的提高。

3. 制作预习测试题

预习测试题可以很好地检测学生的预习情况，了解他们对相关知识的掌握情况。在发送预习测试题的时候，要确定测试题是否要围绕本节课的知识点，能否达到检测学生预习情况的目的。智慧课堂强调学生要有自主建构知识的能力，因此测试题要注意具有探索性，让学生主动动脑，积极思考。试题的类型要多样，主观题和客观题相结合，试题的难度要分层，既要让大多数学生体验到解题成功的喜悦，也要设置难度引起学生对即将要学习的内容的兴趣。学生通过学生端完成练习并提交，教师可以通过教师端查看学生的答题情况并在平台上进行试题的批阅与反馈。

(三) 完成预习

教师将制作好的学习资源通过教师端发布到智慧学习平台，学生可以通过学生端接收查看。学生接收到教师推送的资源后，可以根据自己的情况在教师规定的截止日期之前完成预习任务。传统课堂教学过于重视结果而忽略了学生的主体的情感和自身发展的需要，使学生的创造性、探索精神受到压制。智慧课堂的备课阶段，教师将预习任务分配下去，以"放任"的态度，让学生查阅相关资料，解决在学习预习资料中所产生的问题，积极思考，摆脱依赖，在学习的准备过程积极主动地追求知识，培养学生独立学习的主体意识和强烈的好奇心。但同时要注意学生之间的差异性，充分考虑学生的知识水平、接受能力和学习进度，不对学生做统一的要求。学生群体之间还可以在平台互相交流，就某些知识点展开讨论，加深理解，对仍然存在的问题以后可以通过平台将其传递到教师端。预习任务完成后，学生在后台上传自己的预习表格。

(四) 拟订教学方案

传统课堂受到时间和地域的限制，教师很难在课前知道学生的学习需求，所以教学方案的拟订往往是教师根据以往的经验进行拟订。但是在智慧课堂上教案的拟订不是建立在教师单方面努力的基础上，而是通过分析平台上传的学生预习数据，修改教学方案，在事实的基础上了解学生的需求，制订适宜的教学方案。通过对学生学习情况的分析，根据教学内容发布学习资源并查看学生的预习情况，教师可以更加准确地把握学生的预习情况，对预习中存在的问题进行汇总，调整教学进度和难度，拟订教学方案。教师在查看预习表格和交流情况的过程中，可以发现学生对某些知识点存在的疑惑，诊断分析原因，有针对性地调整课堂教学目标和重难点，从而将这些问题在课堂上集中解决。智慧课堂拟订教学方案要注意以下几点的要求：①从偏重教师教转向偏重学生学，努力给学生提供更多的自学、自练的机会，使学生真正成为学习的主人，增强对学习的兴趣。②引导学生独立思考，以实现学生的掌握知识和培养智慧相统一为目标，使教案成为学生掌握科学的知识和发展智慧的载体。③实现个性发展与全面发展的统一，教案的制订要以收集到的学生情况为依据，充分考虑和适应不同层次的学生的水平，并保证教案的弹性。

二、课中：知识内化，师生互动教学

在传统的课堂中，知识是一种自上而下的灌输关系。在这种情况下，教师更多关注在教学进度上，忽略了学生的发展。学生受到教师权威的束缚，他们在思维发展和表达观点等方面处于抑郁状态，课堂气氛比较冷漠，师生之间缺乏有效的沟通交流。在智慧课堂中教师不再以知识的权威者出现在课堂上，而是学生学习的伙伴。学生是拥有着自己学习观点的主体。师生共同探究知识，发展能力，师生之间是一种互动教学的关系，学生的主体地位和主体作用得到尊重，教师与学生、学生与学生之间的言语、思想互相交流，自由的氛围弥漫在课堂的每一个角落，更多的灵感和创造的火花被碰撞出来，生命的交融、智慧的发展在这里达成。智慧课堂课中教学活动主要采用"5+5"的教学流程结构，包括教师的 5 个阶段和学生的 5 个阶段，即协作互学、疑难突破、创设情境、引入新知、布置新任务、合作探究、课堂检测、练习巩固、实时点评、自我反思。

（一）协作互学，疑难突破

课前预习的过程中，学生会对某些知识点存在理解不透彻或者错误的问题，因此，课堂开始时可以先根据学生的个性记录表和学习记录表按照需要在教师端将学生进行不同的分组。教师可以根据类型选择随机分组、成绩分组、兴趣分组等，按照任务的难易程度一般可以将小组人数确定为 2~6 人。小组成员将对老师课前发布的内容中的疑问点进行讨论，并协作初步解决所存在的问题。仍然无法解决的问题，可以全班合作解决。如果全班学生都不能解决，可以将问题通过学生端上传到网络平台，教师通过教师端查看上传问题后，对相关知识点进行重点讲解，解决学生在预习中存在的问题。

（二）创设情境，引入新知

知识是从实践中得来的，知识本身具有丰富的教学内容，而传统的课堂教学强调以教材为本，课堂教学过程基本上是根据课本安排的内容和顺序进行，往往忽略内容背后的丰富性，学生经常是被动地接受一系列抽象的语言和符号。智慧课堂非常重视情境的创造，在教学过程中鼓励教师运用技术平台创设与教学相关的情境，引起学生的学习兴趣，调动学生的情感共鸣，吸引学生学习的主观能动性。通过创设情境引入新知识，可以营造良好的学习氛围，引导学生快速进入学习状态，参与到对所学知识的探索、发现、认知中来。

（三）布置新任务，合作探究

任务驱动是智慧课堂的一种重要的教学形式，教师通过分析教学内容和学生的基本情况，将总的教学目标进行分解，分解为一个个学生经过努力可以完成的任务，并将任务通过教师端上传到平台。小组同学可以在学生端查看老师布置的新任务，通过合作探究的方式将任务一一完成，并将小组协作完成的成果提交到平台，教师可以选取代表性的小组进行课堂展示。在学生进行探究的过程中,教师可以在课堂内进行走动,观察各小组的讨论情况,给予学生指导帮助,对于同学们普遍的疑问点,及时上传相关材料,适当调整任务难度。

(四)课堂检测,练习巩固

为了确保课堂学习的效果,每次课程都需要针对课堂的重点难点进行检测。对于掌握了所有知识的学生,可以增强测试,并根据提示学习下一部分内容。对于没有将所学内容全部消化的学生,课堂检测可以找到薄弱点,针对性地给予学习建议。新知识的学习,必须经过反复的练习才能达到掌握的状况,而且智慧课堂伴随着同伴协助与比拼,学生学习的热情会更加高涨,在这种情况下增加练习的次数与难度,可以有效地巩固学习的效果。

(五)实时点评,自我反思

不同的知识储备和不同的成长环境使学生在理解和解决问题的能力上有比较大的差异,也会造成学生在智慧课堂课中进行合作教学的时候出现不同层面的问题,因此,教师要根据平台学生测验的不同结果实时点评,给予针对性的意见。课堂学习和交流中产生的问题是学生宝贵的学习资源,学生可以通过与同学和教师之间的互动交流、思维碰撞反思自身的不足,提高学生的探索能力和创新素质。

三、课后:个性辅导,兼顾学生差异

传统课堂上教师在上课结束时会统一地布置作业,学生课下独立在家或者学校完成作业,在下次上课或教师规定的时间统一将作业交给科代表,科代表完成任务后将作业交给教师,教师收到作业后完成作业的批改,然后等到下次上课将作业的批改结果反馈给学生。学生从收到作业任务到完成任务得到反馈这之间最少要花费两到三天的时间,得到反馈的时间明显过长,没有办法及时得到强化。传统课堂更多的是采取一种模式,很难同时顾及学生之间的差异,更不要说个性化教学。智慧课堂上教师可以借助智慧课堂信息化平台的强大技术优势,根据学生的不同水平和个性

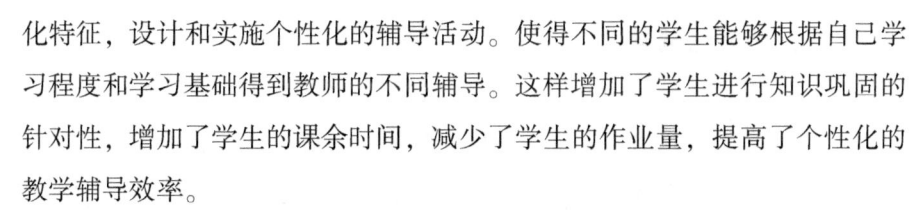

化特征，设计和实施个性化的辅导活动。使得不同的学生能够根据自己学习程度和学习基础得到教师的不同辅导。这样增加了学生进行知识巩固的针对性，增加了学生的课余时间，减少了学生的作业量，提高了个性化的教学辅导效率。

（一）作业个性化推送

基于信息化技术的飞速发展，教师可以对学生的学习行为进行跟踪，包括学生对相关资源浏览情况、预习资源观看时长、课堂讨论发言等，也就是说教师经过课前分析学情、资源发布、确定教学方案到在课上进行情境预设、学生合作探究完成新任务、完成课堂检测等各个环节后，可以深度挖掘学生的学习成果，精确掌握学生对课程内容的把握程度。这样教师就可以依据学生对知识点的掌握程度不同，在平台上筛选相应的作业练习，根据学生学习的结果进行作业的个性化推送，使学生能够有针对性地拿到适合自己难度的作业，实现了不同学生之间的差别化、个性化的复习巩固。

（二）完成作业

学生通过学生端查看教师布置给自己的作业，通过课上对所学知识的理解，运用相关的理论完成教师推送的作业并上传到平台上。学生通过推送的练习题可以了解自己对该课程知识点的理解掌握情况，从而采取相应的措施改进自己的学习情况。

（三）批改作业

该平台会根据问题的不同类型将作业中的题目分成主观题和客观题两类。学生将作业上传到平台后，平台会根据已录入的信息对客观题自动做出评判。学生做错的客观题，平台会给出这一题的知识点，指出错误的原因，并提供与这个知识点相应的练习题。通过对练习次数的统计，平台会将练习次数多的习题的知识点在学生的学习记录中优先排列，在今后的学习中，会自动提示学生加强对此知识点的学习。对于主观性的作业题，学生上传到信息化平台后，教师根据学生的作答情况进行批改，结合客观题的答题情况及时给出批改意见并反馈给每一个学生。

(四) 个性化辅导

教师可以根据学生不同的作业完成情况，结合学生的个性、学习特点，采取适当的方式对学生进行个性化的辅导。对于作业完成质量比较好的，错误并不是很多的学生，教师可以采取在系统交流栏内进行文字交流答疑。对于作业完成质量一般，需要教师做出很多解释或者文字难以表达的学生，可以选择语音对话进行辅导沟通。除此之外，教师还可以选用不仅能进行对话，还可以看到对方的视频交流方式，就像面对面交流一样，教师和学生还可以直观地将材料展示给对方。对于学生普遍的知识薄弱点或者语言不好讲明白的知识点，教师可以录制一个微课，推送给同学进行观看，微课知识点针对性更强，时间更灵活，也是一种很不错的个性化辅导方式。

(五) 总结反思

智慧课堂采取"以学生为本"的教学理念，为学生构建了理想的学习环境，课前的预习可以让学生对本节课的内容有一个大概的把握，课中的互动教学合作解决问题可以让学生将所学的内容进行深化，课后收到教师的个性化辅导更可以达到内容的升华。学生可以在自主学习、合作探究的过程中发现自己的问题，认识到不足，在此基础上进行总结性的反思，为后续的学习做准备。

参考文献

[1] 尹新，杨平展. 融合与创新：高校教育信息化探索与实践 [M]. 长沙：湖南科学技术出版社，2018.

[2] 宋瑞莉，杨晓波. 互联网+时代下高校教育的创新与发展研究 [M]. 哈尔滨：东北林业大学出版社，2018.

[3] 裴小倩，严运楼. 高校创新创业教育协同机制研究 [M]. 上海：上海交通大学出版社，2018.

[4] 丁兵. 当代高校教育管理研究 [M]. 西安：西北工业大学出版社，2019.

[5] 陈晔. 新时期高校教育管理实践研究 [M]. 北京：现代出版社，2019.

[6] 钟亮. 现代高校教育之理性思考 [M]. 长春：吉林人民出版社，2019.

[7] 关洪海. 高校教育管理与创新实践研析 [M]. 北京：冶金工业出版社，2019.

[8] 张东平. 2019年上海市区办高校教育质量年度报告 [M]. 上海：复旦大学出版社，2019.

[9] 王荔雯. 移动互联网时代高校教育管理模式改革与实践研究 [M]. 北京：中国原子能出版社，2019.

[10] 何玉海. 高校教育评估标准 品质、属性、体系及其建设［M］. 上海：上海三联书店，2019.

[11] 林榕. 大数据背景下高校教育管理信息化发展与创新研究［M］. 长春：吉林大学出版社，2019.

[12] 谭义东. "互联网+"的高校教育信息化［M］. 北京：九州出版社，2020.

[13] 胡凌霞. 高校教育管理理念与思维创新［M］. 长春：吉林大学出版社，2020.

[14] 李海波. 高校创业教育的国际比较［M］. 杭州：浙江工商大学出版社，2020.

[15] 孙丽娜. "以人为本"高校体育教育研究［M］. 天津：天津科学技术出版社，2020.

[16] 施永川. 美国高校创业教育教学模式研究［M］. 上海：上海交通大学出版社，2020.

[17] 李喆. 地方高校创新创业教育研究［M］. 济南：山东人民出版社，2020.

[18] 别敦荣. 高等教育管理探微［M］. 厦门：厦门大学出版社，2021.

[19] 邓磊. 高等教育历史转型的中外比较研究［M］. 重庆：重庆大学出版社，2021.

[20] 陈武元. 中国高等教育发展路径的探索［M］. 厦门：厦门大学出版社，2021.

[21] 孙小龙. 大学生心理健康教育［M］. 北京：机械工业出版社，2021.